성품이 좋은 사람

성품이 좋은 사람

조명신

잘해보려 하지만 늘 그 자리에 맴도는 이들에게

구름이 머무는 동안

**나는 아버지께서 내게 주신 모든 사람에게
아버지의 성품을 자세히 말해 주었습니다.**

요한복음 17장 6절(메시지성경)

차례

---

012 **어려운 인간관계에 맴돌다**

정답 | 수용 | 눈치 | 조언 | 험담
판단 | 비교 | 완벽 | 과시 | 분열
편견 | 책망 | 참견

060 **불확실한 인생에 맴돌다**

기준 | 속도 | 걱정 | 실패 | 분노
후회 | 약함 | 체념 | 불안 | 기다림
속도 | 느림 | 합리화

어찌할 수 없는 마음에 맴돌다   108

눈물 | 갈망 | 바닥 | 비방 | 나중
겉모습 | 무기력 | 조급함 | 멈춤 | 미움
온유 | 비관 | 흔들림 | 예민함

어찌할 수 없는 마음에 맴돌다   160

고독 | 기쁨 | 고민 | 특별 | 동행
용서 | 일상 | 고갈 | 자유 | 평범
겸손 | 공평 | 위로 | 기회

프롤로그

쉽게 변화되지 않는 자신의 모습에 답답함을 느낄 때가 있다. "그때 이렇게 했더라면, 만약 그랬다면 같은 잘못을 반복하진 않았을 텐데." 이런 후회의 말이 입에서 떠나지 않는다. 하지만 자책이 우리를 더 성숙하게 만들지는 못했다. 자책은 우리를 더 삐뚤어지게 만들었고, 그 영향력은 자신을 넘어 사랑하는 가족과 친구, 동료에게까지 미쳤다. 더 나은 사람이 되고 싶은 의도는 좋았지만 방법이 잘못되었던 것이다.

성품의 변화는 우리가 생각하는 것보다 훨씬 더 느리게 이루어진다. 성품은 마치 과수원의 열매와 같다. 봄에 꽃이 피고, 여름 내내 자라다가, 가을이 되어서야 비로소 익는 열매처럼. 농부는 매일 아침 과수원에 나가 물을 주고, 거름을 주고, 잡초를 뽑는다. 그러나 그는 매일 나무를 흔들어 열매가 빨리 맺히기를 강요하지 않는다. 그저 기다릴 뿐이다.

우리 성품의 변화도 이와 다르지 않다. 어제 좋은

결심을 했다고 해서 오늘 당장 성품이 바뀌지는 않는다. 나쁜 습관은 별다른 수고 없이 쉽게 몸에 배지만, 좋은 성품을 형성하는 데는 인내하는 시간이 필요하다. 무엇보다 자신을 향한 온유함이 필요하다. 자책이 아닌 스스로를 향한 인내와 기다림.

이 과정에서 우리에게 필요한 것은 씨 뿌리는 자의 믿음이다. 농부가 씨앗이 잘 자라는지 확인하려고 매일 땅을 파보지 않듯이, 우리도 자신의 성품 변화를 매일 확인하려 애쓰지 말아야 한다. 다만 좋은 씨앗을 뿌리고, 물과 거름을 주고, 방해가 되는 잡초를 제거하는 일에 충실하면 된다. 좋은 습관을 형성하고 나쁜 습관을 제거하는 일상의 작은 실천에 집중하는 것이다.

아무런 변화도 보이지 않을 때, 우리는 두 가지 선택 앞에 서게 된다. 조급함에 빠져 모든 것을 포기하거나 혹은 씨앗이 자라 열매 맺을 것이라는 믿음을 지키는 것. 성품의 변화를 이끄시는 하나님은 우리에게 후자의 믿음을 원하신다. 그리고 그 믿음은 결코 배신당하지 않을 것이다. 어느 날 문득 우리는 자신도 모르게 맺힌 성품의 열매를 발견하게 될테니까.

봄이다. 당신과 나의 마음에도 봄이 오기를.

조명신

I

어려운 인간관계에 맞돌다

정답

어떤 말을 받아들이는 데에는 시간이 필요하다. 무턱대고 정답만 외치면 상대는 마음의 문마저 닫아버릴 것이다. 답을 몰라서 찾아온 것이 아니다. 사실 정답은 이미 알고 있다. 그런데도 달리 호소할 데가 없어 찾아와 토로하는 것이다. 제발 내 말 좀 들어달라고. 얼마나 괴롭고 힘든지 좀 알아달라고.

"고난은 축복이에요. 그러니 기뻐하고 감사하세요."
"하나님은 감당할 만한 시험만 주세요." 다 맞는 말이지만, 이 말을 삼켜내기가 쉽지 않다. 상대에 대한 이해 없이 내놓는 말은 도리어 마음에 더 큰 생채기를 낸다. 옳은 말, 맞는 말, 바른 말은 뾰족하고 날카롭다. 이런 정답 같은 말로는 인생에서 마주한 여러 상처로 너덜너덜해진 마음을 싸맬 수가 없다.

정답은 사람의 마음을 할퀴기도 한다. 어려움을 토로하는 상대가 아직 채 말을 마치기도 전에 문제를 해결해 주려고 할 때 그렇다. 상대의 말을 듣지도 않고 정답부터 줄줄 내놓는 답안지가 될 때 그렇다. "항상 기뻐하세요." "하나님이 주시려고 가져가신 거예요." 이런 말이 오히려 상대의 입을 틀어막아 숨도 쉬지 못하게 할 수 있다. 슬픔을 당한 사람의 입에 재갈 물리고, 모든 것을 잃고 망연자실한 사람의 상처에 소금을 뿌리는 일이 될 수 있다.

하나님은 우리에게 말할 수 있는 입도 주셨지만 따뜻하게 바라볼 수 있는 눈과 긴 이야기를 마음으로 품고 들어줄 수 있는 귀도 주셨다. 상대방의 눈을 지그시 바라보며 상대의 이야기를 들어주기만 해도 충분하다. 그것만으로도 자신이 혼자가 아님을 알게 된다. 자신의 말을 들어주는 사람에게 위안을 얻고, 큰 힘을 얻는다. 고난 중에 놓인 사람의 가장 큰 고통이 바로 외로움과 두려움이기 때문이다.

나에게 좋은 것이 반드시 상대에게도 좋을 것이라는 생각은 내려놓자. 지금 당장 뭐라도 말해주지 않으면 상대의 인생에 큰 문제가 생길지도 모른다는 불안과 염려도 한쪽에 치워 두자. 하나님은 우리를 가르치는 선생으로 부르신 것이 아니라 상대와 더불어 사랑하는 형제로 부르셨다. 말보다는 눈과 귀로 먼저 사랑하자. 해줄 수 있는 말보다 해줄 수 있는 행동에 더 마음을 쓰자.

수용

야심차게 시작했다가 얼마 지나지 않아 이런저런 핑계를 대며 그만두기를 반복한다. 한 가지 일을 끝까지 마무리한 경우가 드물다. 이렇게 약속을 자꾸 깨뜨리고 상황에 따라 변경하다 보니, 어느새 어떤 일 하나도 제대로 해내지 못하는 사람이 되어버렸다. 목표를 달성하는 힘은 작은 약속을 지키는 데서부터 생기는데, 그 기초를 무너뜨리고 있었던 것이다.

그런데 포기는 전부 나쁜 것일까? 때로는 어쩔 수 없이 아니 오히려 현명하게 그만두어야 할 때도 있지 않을까? 뒤돌아보지 않고 미련 없이 다른 방법을 찾아야 할 순간들이 있다. 문제는 우리가 종종 이러지도 저러지도 못하는 상태에 빠진다는 것이다. 그동안 쏟아 부은 노력과 시간이 아까워서 또는 다른 사람들의 시선과 평가가 두려워서 그만두지 못한다. 이런 상황에서는 그만둠을 어떤 관점에서 바라보느냐가 중요해진다.

그만두는 일이 잦아질 때 마음이 꺾이고 포기에 익숙해져 다시 시작할 용기조차 나지 않는다면, 이것이 진정한 의미의 '포기'다. 반면 상황을 있는 그대로 받아들이고 내려놓는 '수용'은 전혀 다른 차원의 경험이다. 이런 '수용'의 자세를 가질 때, 우리는 다시 시작하는 것을 부끄럽게 생각하지 않을 수 있다. 후회와 미련이 우리를 붙잡지 못하고, 자책의 굴레에서도 자유로워진다.

이 차이는 미묘하지만 중요하다. 어쩔 수 없어서 두 손 두 발 다 드는 것이 '포기'라면, '수용'은 나의 한계를 인정한 데서 내린 능동적인 선택이다. 겉으로 보기에는 둘 다 그만두었다는 점에서 같아 보이지만, 그 내면의 태도와 이후의 결과는 완전히 다르다.

우리 사회는 종종 한계를 모르고 도전하는 사람, 포기할 줄 모르는 정신을 높이 평가한다. 그러나 이런 가치관이 항상 건강한 것은 아니다. 때로는 하나님께서 우리의 한계를 받아들일 줄 아는 지혜도 귀하게 여기신다는 점을 기억할 필요가 있다. 마음을 열고 상황을 수용할 줄 아는 사람은 오히려 더 깊은 차원의 성장을 경험할 수 있다.

그만두어도 괜찮다. 멈추어 서도 괜찮다. 중요한 것은 그 멈춤이 단순한 포기가 아니라 겸손한 수용이 되게 하는 것이다. 한계에 부딪힐 때마다 더욱 하나님을 의지하고, 상황과 그분의 계획하심을 받아들이며 새롭게 시작하는 용기를 갖는 것. 어쩌면 이것이야말로 진정한 의미의 '끝까지 해내는 힘' 아닐까.

눈치

'사람들이 나를 어떻게 볼까? 혹시 나를 싫어하진 않을까?' 혼자서 만약을 가정하며 타인의 눈치를 살핀다. 사람들이 내가 하는 말과 행동에 채점표를 들고 평가한다는 생각이 들고, 이는 고스란히 엄격한 자기 통제로 나타난다. 말 하나, 행동 하나를 할 때마다 조심스럽다. 나를 향해 부정적인 반응을 보일 땐, 나도 모르게 저지른 잘못 때문인 것 같아서 자책하기도 한다. 남의 시선을 신경 쓰는 행동은 내가 버려질지도 모른다는 두려움과 불안에서 시작된다.

나에 대한 부정적인 반응은 마치 사람들이 내 존재 자체를 거절하는 것 같은 마음까지 들게 만든다. 당장 그들의 마음에 만족을 주지 않으면 관계가 파국으로 치달을 것 같아 염려하게 되고 자신을 혹사할 정도로 완벽하게 모든 일을 하려고 한다. 하지만 결국 해내지도 못하고 더욱 위축되기만 한다. 결국 일의 기쁨은 사라지고, 사람들의 평가만 남는다.

아무리 눈치를 보고 사람들을 만족시키려 해도, 우리는 서로 실망하며 살 수밖에 없다. 심지어 우리는 완전하신 하나님께도 실망한다. 실망하는 일은 언제나 생긴다. 중요한 것은 실망하지 '않는' 것이 아니라 나를 아끼고 사랑해주는 분이 누구인지 '잊지' 않는 것이다. 하나님은 불완전한 우리에게 실망하지 않으신다. 절대로 떠나지도 않으신다. 하나님은 연약할수록 실망하기보다 더욱 귀히 여기신다.

사람들의 기쁨을 구하는 데 급급하지 말자. 나중에는 기쁨을 구걸하는 삶을 살게 된다. 눈치 보는 내 모습에 괴로워하지도 말자. 그런 마음은 누구에게나 있다. 혹시 나에게 실망해서 떠나는 사람이 있다면, 그 관계를 유지하려고 너무 애쓰지 말자. 나를 아끼고 사랑하는 사람은 실망했다는 말을 함부로 내뱉지 않는다. 그런 말로 교묘하게 조종하려고 들지도 않는다. 깨어진 관계 속에서 완벽하려 애쓰지 말고 힘써 사랑하려 해보자. 연약할수록 더욱 귀히 여겨주시는 하나님처럼.

사람들의 기쁨을
구하는 데 급급하지 말자.
나중에는 기쁨을
구걸하는 삶을 살게 된다.

조언

"이게 다 너를 생각해서 하는 말이야. 기분 나쁘게 듣지 않았으면 좋겠어." 우리는 비난이 입 밖으로 나오는 순간을 잘 알고 있다. 상대가 마음에 들지 않을 때, 뜻대로 움직여주지 않을 때, 우월감에 젖어 누군가를 끌어내리고 싶을 때, 그 나쁜 감정을 쏟아낼 곳을 찾는다. 이렇게 마음의 상처와 불안은 비난으로 나타난다.

비난이 잦다는 것은 하나님 안에서 안정감을 누리지 못하고 있다는 신호일 수 있다. 아담도 죄를 짓고 제일 먼저 하나님을 피해 숨어버렸다. 불안한 그는 결국 비난이란 화살을 꺼내 들었다. 자기 잘못을 사랑하는 하와에게 돌리며 무너져가는 마음을 숨기려 했다. 하나님이 처음부터 그에게 심어주신 본래의 성품이 아니었다. 상한 영혼이 내는 소리였다.

남을 향해 손가락질하고 싶을 땐, 내 안을 들여다보아야 한다. '나는 지금 정말 평온한가, 하나님의 사랑을 제대로 누리고 있는가.' 진심으로 사랑에 빠진 사람은 사랑하느라 바쁘다. 남의 허물 같은 건 눈에 들어오지 않는다. 비난이 입술에 머물 겨를이 없다. 사랑에 가려 비난할 것이 보이지 않기 때문이다.

입술에 비난이 자꾸 맴돈다고 낙심할 필요는 없다. 불안하고 아프다고 해서 너무 좌절할 필요도 없다. 몸이 아프면 의사를 찾듯, 하나님께 가면 된다. 절대로 비난하지 않으시고, 무한한 사랑으로 우리를 품어주시는 그분 앞에 서면 된다. 그래서 나는 오늘도 비난이 올라올 때마다 하나님을 바라본다. 그분 안에 머문다.

비난하지 않는 온유한 성품은 그렇게 시작된다.

험담

억울하고 속상한 기분을 꾸역꾸역 삼키기만 한다면, 아마도 억울함에 질식해버릴 것이다. 그래서 뒷담화는 때때로 상처받은 마음의 숨구멍이 되기도 한다. 가끔은 뒤에서라도 마음을 털어내면 숨통이 트여 속이 시원해진다. 하지만 뒷담화만이 마음을 달래는 유일한 수단이 된다면 그것은 문제다. 뒷담화는 하면 할수록 더 빠져들게 되기 때문이다.

대체로 우리는 앞에서 말할 용기가 없어 조용히 뒤에 숨어서 이야기한다. "내 말 좀 들어 줘요. 너무 억울해요. 다 그 사람 때문이에요." 약한 자의 하소연처럼 들리지만, 사실 그 속은 사납고 거친 파도처럼 강력하다. 그 사람을 무너뜨려야 하기에.

행복한 이는 자신의 꿈과 이야기에 시선을 두지만, 불행한 이는 언제나 타인의 뒷이야기를 하며 묘한 쾌감을 느낀다. 험담의 이면에는 열등감과 피해의식이 숨어있다. 그 깨진 렌즈를 통해 사건을 과장해버린다. 없는 이야기도 만들어지고, 작은 일은 엄청나게 큰 일이 된다. 내 감정을 들어줄 이들을 모아 내 편을 만들고 결국 상대를 무너뜨리는 데에까지 이른다. 처음이 어렵지, 한 번 시작된 험담은 손쉽게 반복되고 어느새 그것은 내 성품이 되어간다.

잊지 말아야 할 것이 있다. 하나님은 내 앞에도, 뒤에도 계신다는 사실이다. 딱 한 명에게만 하는 건 괜찮지 않을까? 아니다. 하나님이 들으신다. 문제를 험담으로 해결하려해서는 안 된다. 우리에게는 그 방법만 있는 것이 아니다. 내 편을 만들려 애쓰기보다 영

원한 우리 편 되시는 하나님께 조용히 나아가자.

험담의 결과는 후회와 단절뿐이다. 험담으로 뱉은 말은 되돌아와 나를 괴롭힐 수 있지만, 하나님 앞에서 솔직하게 내어놓은 진심은 오히려 나를 회복시킨다. 사람 앞에 쏟아낸 감정은 뒷담화로 끝나지만, 하나님 앞에 정직하게 서면 도움을 구하는 진실한 기도가 된다. 사람이 아닌 하나님께 마음을 쏟아 놓자. 하나님은 남을 헐뜯는 사람이 아니라 진실한 사람이 되기를 원하신다.

판단

'척 보면 안다.'고 말하는 사람을 만날 때마다 나는 왠지 모를 두려움을 느낀다. 그 말에는 타인을 단숨에 판단해버리는 단호함과 더 이상 설명이나 이해 따위는 필요치 않다는 냉정함이 숨어있기 때문이다.

한 인간의 깊이를 온전히 이해한다는 것이 얼마나 힘겨운 일인지, 우리는 자주 잊고 살아간다. "난 한두 번 보면 다 알지. 저 사람이 어떤 사람인지 잘 알아." 이렇게 말하는 사람들은 의외로 자신의 생각에 매우 집착한다. 타인의 말에는 좀처럼 귀를 기울이지 않고 눈앞의 사실조차도 자신의 기준에 맞지 않으면 무시해버린다. 그들에게 잘못된 판단이란 없고, 자신의 결론은 곧 진리다. 함부로 재단하는 이들이 두려운 이유다. 이들에게는 대화의 여지도, 이해의 허락도 없다.

우리는 그 사람의 진짜 모습이 아니라 자신만의 경험과 편견, 추측으로 상대를 다시 그리고 있을지도 모른다. 여기서 문제는 지극히 주관적인 해석을 객관적인 사실로 착각한다는 데 있다. 한 사람이 살아온 인생, 그 위에 쌓인 시간과 경험들을 한두 마디로 정의할 수 있을까. 정작 나조차도 내 마음을 온전히 알 수 없는 때가 허다하다. 우리가 아는 것은 언제나 부분적이다. 단지 짐작만 할 뿐이다.

인간의 판단은 늘 불완전하고 실수가 잦다. 그러나 하나님은 다르시다. 그분은 우리를 지으셨고, 우리의 앉고 일어섬, 생각의 흐름까지도 모두 아신다. 그런 완전하신 하나님도 우리를 성급히 평가하지 않으신다. 현재의 모습만을 근거로 섣불리 판단하지 않으신다. 오히려 변화할 내일을 기대하며 묵묵히 기다리신다. 타인을 함부로 단정하는 것은 결국 하나님을 넘어서려는 일이다. 그분보다 앞서고, 그분의 자리에 앉아 스스로 심판관이 되려는 오만한 시도다.

우리는 그동안 너무 쉽게, 너무 성급하게 타인을 판단해 온 것은 아닐까. 하나님은 심판의 권한을 우리에게 주지 않으셨다. 사랑할 책임만을 맡기셨다. 진정한 사랑은 결코 판단하거나 단정짓지 않는다. 누군가에게 보이는 단점 하나로 속단하지 않는다. 오히려 끝까지 이해하려 애쓰고, 포기하지 않는다. 그것이 곧 하나님의 사랑이며, 우리가 닮아가야 할 성품이다.

비교

30초 만에 불행해지는 방법이 있다. 나와 비슷했었지만 지금은 더 잘나 보이는 사람을 떠올리며 비교하는 것이다. 그러면 순식간에 세상에서 가장 불쌍한 사람이 된다. 행복의 반대말은 불행이 아니라 비교다. 우리는 늘 비교의 문을 열어놓는다. 그 문을 통해 불행이 들어오도록 놔둔다. 불행해서 비교하는 것이 아니라 비교해서 행복하지 않은 것이다.

꼭 나보다 더 나은 사람과 비교하는 것만을 말하는 것이 아니다. '그래도 나는 저 사람보다는 더 낫네.'

이렇게 상대보다 내가 더 나은 상황이라는 마음을 통해 행복을 얻는 것도 아니다. 우월감이 주는 일시적인 안도감일 뿐이다. 잠시 얻었던 그 안도감도 비교의 문을 통해 들어온 열등감에 의해 사라지고 만다. 비교하지 말라고, 기대를 낮추라고도 말한다. 다른 사람과 비교하지 말고 어제의 내 모습과 비교하라고 말하기도 한다. 현재에 몰입하는 것도 도움이 된다고 조언한다. 그런데 이런 방법은 근원적인 해결책이 될 수 없다. 오히려 열정을 사그라지게 하고, 현실에 안주하게 한다.

다른 사람과의 관계를 통해 살아가는 우리는 비교에서 절대로 자유로울 수 없다. 그래서 비교하려는 순간에 잘 대응하는 것이 중요하다. 잘난 사람, 성공한 사람, 앞서가는 사람은 언제나 있다. 그러니 괜히 비교하는 일로 마음에 불을 지르며 살지 말자. 속이 새까맣게 타들어가게 만들지 말자. 이미 불이 났다면 그냥 멀뚱멀뚱 쳐다보고 있으면 안 된다. 더 크게 번지지 않도록 재빨리 꺼야 한다. 비교라는 불을 끄는

확실한 방법은 감사다. 감사는 다른 사람에게 쏠린 우리 마음을 하나님께로 돌린다. 나를 사람 앞에 두면 우월해지거나 열등해지지만 하나님 앞에 두면 존귀한 자가 된다.

비교는 내 삶이 저 사람보다 나아야 한다고 하나님께 불평하는 것과 같다. "하나님의 뜻대로 살았는데 내 인생은 왜 이렇게 안 풀릴까? 하나님은 왜 내게 이것밖에 주지 않으셨을까?" 비교의 끝은 결국 하나님을 향한 원망이다. 하나님의 계획을 신뢰하지 못하고 하나님의 계획보다 내 계획이 우선이라고 말하는 것과 같다. 매일의 삶 속에서 비교하는 마음 때문에 괴로워하고 있다면, 이것만 생각하자. 우리는 누구와도 비교 불가인 하나님의 자녀라는 것. 그 하나님이 우리를 위해 놀라운 계획을 오늘도 이루고 계시다는 것. 이 사실을 잊지 않고 살아갈 때 비로소 비교에서 벗어나게 될 것이다.

완벽

늘 타인의 시선에 신경이 쓰인다. 남들에게 좋은 평가를 받아야 한다. 주목받고 인정받아야 하고 중요한 인물이 되어야 한다. 칭찬받지 않으면 실수한 것 같이 느껴진다. 늘 후회와 자책을 한다. "더 잘할 수 있었는데."라는 말로 자신을 꾸짖고 혼낸다. 마음에 들지 않아 뜯어고치고 싶은 부분이 한두 가지가 아니다. 그 기준은 주변 사람들도 힘들게 한다.

내가 하지 않으면 안 되는 이유도 여기에 있다. 너무 바쁘고 일이 과도해도 다른 사람에게 맡길 수 없다.

온통 눈에 거슬리는 것밖에 없어서 불만과 짜증만 가득하다. 내 계획이 중요하다. 계획이 틀어지는 것을 참지 못한다. 그래서 쉽게 화를 내기도 한다. 특히 소중한 가족에게. 어떤 일이든 차질 없이, 멋있게 해내고 싶어 한다. 평범해서는 안 된다. 남들과 차원이 다른 수준을 보여주고 싶다. 열정적으로 일을 하지만, 해내지 못할 것 같으면 미루거나 포기하고 숨어버리기도 한다. 그래서 무엇 하나 제대로 끝내지 못하는 것이 완벽주의의 또 다른 모습이다.

완벽주의는 일을 완벽하게 잘해내고 싶어서라기보다 나를 돋보이게 하려는 교만의 이면일지도 모른다. 완벽해지라는 요구, 빈틈없이 해내야 한다는 부담감에 갈수록 짜증만 늘어간다면 그때는 자신을 더 세차게 몰아붙여야 할 때가 아니다. 마음을 하나님께 두어야 할 때다. 우리는 실수 한 번에도 큰일난 것처럼 불안해하지만 하나님은 우리의 크고 작은 실수와 상관없이 얼마든지 큰일을 이루신다. 계획은 우리가 세워도 실제로 이루시는 분은 하나님이시다.

완벽한 능력으로 자신을 증명해보이라고 요구하는 세상이다. 그러나 완전하신 하나님은 우리에게 완벽을 요구하지 않으신다. 어떠한 일을 통해 자녀 됨을 나타내라고 말씀하지 않으신다. 하나님의 관심은 우리가 완벽해지는 데 있지 않고, 온전함을 향해 나가는 데 있다. 앞서 준비하시고 행하시는 하나님이 우리를 책임져주신다. 완벽으로 더 높은 벽을 쌓는다고 평안해지는 것이 아니다. 평안은 하나님만이 우리의 견고한 산성이 되신다는 것을 신뢰하는 데에서 온다. 완벽하게 살아야 의미 있는 인생이 되는 것이 아니다. 하나님과 함께하는 인생이 가장 의미 있다.

과시

슬픔은 침묵을 낳고 기쁨은 소리를 만든다. 슬픈 일이 생기면 남이 알까 두려워 말을 아낀다. 기쁜 일이 생기면 어떻게든 자랑하고 싶어 입이 들썩거린다. 시도 때도 없이 자기를 과시하는 사람이 있다. 유력한 사람과의 친분을 뽐내기도 하고, 학력, 경력, 재력까지 모조리 꺼내 자랑한다. 가만히 들여다보면 부풀어 있는 그 모습에서 오히려 근원적인 두려움과 연약함이 보인다.

과시는 약함의 또 다른 이름이다. 우리는 인정받고

싶어서 자랑한다. 끊임없는 자랑은 '나를 좀 알아주세요.'라는 마음의 외침이다. 아무도 알아주지 않는 원인이 자신의 부족함 때문이라고 여기기에 더 크고 화려하게 표현하는 것이다. 겁 많은 개가 유난히 크게 짖는다. 가진 자는 굳이 나서서 과시하지 않는다. 자기를 과시하는 태도는 자신의 부족함을 더 드러나게 할 뿐이다. 과시하는 성품의 끝에는 진실한 나는 없고 허상만 남을 뿐이다.

신앙의 이름으로도 우리는 자주 이러한 유혹에 빠진다. 예수님의 눈에 비친 바리새인들이 그랬다. 겉으로 보기에 그들만큼 경건한 자들이 없었다. 하지만 그들은 남 앞에 보여주는 것을 즐겼다. 누구보다 높은 자리에 앉고 사람들 틈에서 인사받기를 좋아했다. 그들 마음의 중심에는 하나님이 아닌 사람들에게 인정받고 싶은 욕망이 있었다.

예수님에게는 수많은 무리가 따랐지만 사람들의 박수나 기대 위에 자신을 세우지 않았다. 과시하는 일이 없었다. 특별한 일 없는 평범한 날의 반복 속에서 하나님의 아들로서의 삶이 드러났다. 우리는 사람들에게 크게 인정받고 사랑받으면 하나님도 기뻐하실 거라고 기대한다. 하지만 그분의 사랑은 이미 충분하다. 애써서 채워야 할 필요도, 더 커보일 필요도 없다.

진짜 채움은 충만하신 존재와 마주할 때 시작된다. 예수님 안에 거할 때, 더 이상 나를 과시하려 안달하지 않아도 된다. 내면의 구멍은 그분의 온전함으로 채워진다는 사실을 알게 되면 부풀려 보이려는 가면을 벗을 수 있다. 작고 연약한 모습 그대로여도 괜찮다. 아무것도 과시하지 않아도 괜찮다. 있는 그대로 충분하다.

분열

사탄은 우리가 화목하게 사는 걸 원하지 않는다. 교묘하고 집요하게 '이간질'이라는 도구를 사용한다. "너한테만 알려주는 거야." 은밀하게 속삭이며 관계에 의심의 씨앗을 심는다. 이간질하는 사람의 마음속에는 관계의 주도권을 쥐고 싶은 욕망, 뜻대로 이끌고 싶은 교만이 숨어있다. 자신이 주인공이 되지 못하기 때문에, 다른 이들이 관계의 균열을 경험할 때 잠시나마 위안을 얻는다.

이간질은 단순한 말실수가 아니다. 우연히 범하는

작은 잘못도 아니다. 의도와 목적이 담긴, 상대를 파괴하려는 행동이다. 치밀하게 짜인 거짓말로 서로를 의심하게 만든다. 관계의 끈을 끊어내고, 공동체를 망가뜨린다. 그리고 그 피해는 결국 자신에게로 돌아온다. 남을 계속 의심하게 되고 불안 속에 살게 된다. 다른 이들의 말을 과장과 왜곡으로 듣게 된다. 이간질을 통해서는 결코 따뜻한 사랑이나 안정감을 얻을 수 없다. 외로움만 더 깊어질 뿐이다.

하나님은 우리에게 전혀 다른 길, 완전한 하나 됨을 보여주신다. 삼위일체로 존재하시는 하나님 안에서 우리는 서로를 존중하고 결코 해하지 않는 완전한 관계를 볼 수 있다. 예수님은 십자가에서 하나님과 우리 사이를 가로막고 있던 벽을 허무심으로써 하나님과 하나 되게 하셨다. 겟세마네의 깊은 밤, 그분이 흘리신 땀과 피는 단지 고통의 흔적이 아니라 우리가 다시 하나 되기를 바라시는 기도의 증거였다.

우리는 험담과 거짓말로 분열을 일으키는 자가 아니

라 그리스도의 모범을 따라 화목하게 하는 사람으로 부름받았다. 하나 됨은 하나님의 성품을 가장 뚜렷하게 드러낸다. 사탄이 이간질로 하나를 둘로 만든다면 하나님은 복음으로 나뉜 것을 하나로 만드신다. 하나님의 성품을 닮아 하나 됨을 힘써 이루는 것, 이것이 바로 하나님께서 우리에게 바라시는 삶이다.

편견

살다 보면 도무지 이해할 수 없는 사람을 마주칠 때가 있다. 그럴 때마다 우리는 기다려야 한다는 사실을 잊은 채 조급함에 휩싸인다. '내가 본 것이 전부고, 내 판단은 언제나 옳다.'는 교만이 자라 어느새 견고한 편견이 되어버린다.

마음이 한쪽으로 기울어 있다면 그 판단 또한 비뚤어진다. 편견은 기울어진 마음의 또 다른 이름이다. 우리는 너무도 쉽게 사람을 몰아세운다. 자신이 보고 들은 것만으로 누군가를 이해했다고 착각한다.

한 사람 인생의 작은 파편에 지나지 않는 것을 가지고 판단하고 정죄한다. 자신의 기준으로 자신이 본 것만 가지고 한 사람의 인생을 규정하는 것은 무례한 일이다. 하루 스물네 시간, 일 년 삼백육십오 일을 함께 보낸다 해도 오롯이 그 사람을 다 알 수 없다.

예수님은 이방인이라고 천대하지 않으셨고 누구도 함부로 죄인이라고 낙인찍지 않으셨다. 그 시대에 가장 연약한 자들이었던 여자와 어린아이를 가까이 하시고 소중히 여기셨다. 사람들이 선을 긋고 멀리하던 이들에게 예수님은 먼저 다가가셨다. 그분의 손이 닿았던 자리는 더 이상 단정과 비난이 자리잡을 수 없었다. 이해와 사랑으로 채워질 뿐이었다. 하나님은 이렇게 우리가 예수님의 성품을 닮아가길 바라신다.

살다 보면 마음속에 동굴을 파고 그 안에 나를 꼭꼭 가두며 살 때가 있다. 낯선 사람을 피하고 아무런 근거 없는 의심까지 품기도 한다. 하나님은 그런 굳은 마음과 자꾸 좁아지는 시선 대신 예수님의 마음을 품으라고 손을 내미신다.

누군가를 온전히 알기 위해서는 먼저 기다리는 법을 배워야 한다. 짙은 안개가 뒤덮이면 걸음을 멈춰야 한다. 안개가 걷힐 때까지 묵묵히 기다리는 수밖에 없다. 서두르지 않고 함께 시간을 쌓아가야만 비로소 그 사람의 진실한 얼굴을 마주할 수 있다. 어쩌면 성품이 좋은 사람이라는 의미는, 훌륭한 자격을 가지고 있는 것이 아니라 사람을 쉽게 규정하지 않고 안개가 걷힐 때까지 기다릴 줄 아는 사람이라는 의미일지도 모른다.

우리 모두는 하나님 앞에서 저마다의 얼굴을 지녔다. 하나님의 형상대로 빚어진 존재, 소중한 영혼이다. 하나님은 우리가 서로를 쉽게 내치지 않기를, 무심한 말로 상처 내지 않기를 바라신다. 다른 사람의 부족한 모습만 보고 그 사람에 대해 다 파악했다고 착각할 때마다 하나님께로 걸어가야 한다. 편견이 마음을 흔들 때마다 스스로 멈추고 견고한 사랑의 주님을 바라보아야 한다. 그리할 때 하나님은 판단하고 정죄하는 마음에 하나님의 자비의 성품을 채워 주신다.

누군가를 온전히 알기 위해서는
먼저 기다리는 법을 배워야 한다.
어쩌면 성품이 좋은 사람이라는 의미는
안개가 걷힐 때까지 기다릴 줄 아는
사람이라는 의미일지도 모른다.

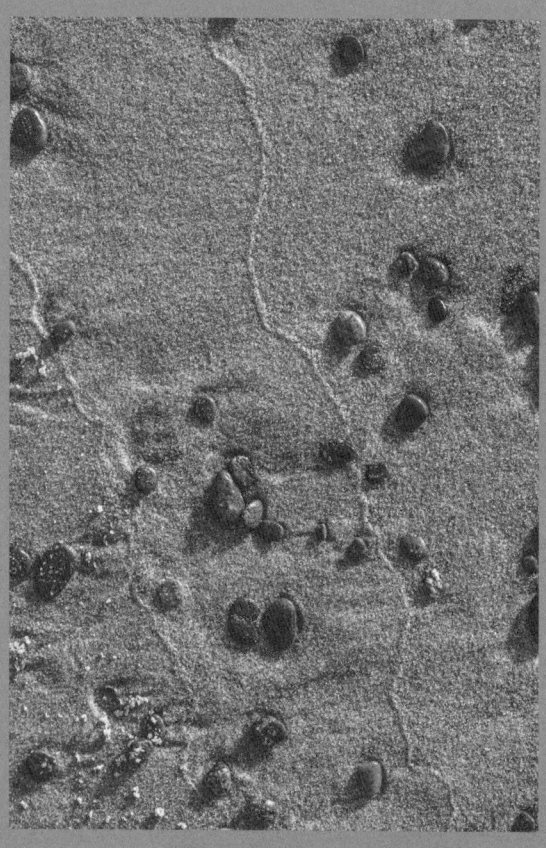

책망

살다 보면 누군가를 책망할 일이 생긴다. 잘못을 바로잡아야 한다는 생각, 더 나아지기를 바라는 마음으로 훈계를 한다. 그러나 책망은 상대에게 따뜻한 빛을 비추기보다 차가운 그림자를 더 짙게 드리우게 하는 것 같다.

늘 실수만 하는 사람은 없다. 누구나 조금씩은 삐끗하고, 부득이하게 잘못을 저지른다. 빈도가 다를 뿐이다. 그럼에도 얼마나 쉽게 남의 잘못을 들춰내는지. 훈계의 시작은 책임감을 심어주려는 의도였겠지만, 거듭된 책망은 도리어 다시 일어설 의지를 꺾는다. 실패에 대한 비난이 두려워 예민하게 반응하게 하고 주눅 들게 만든다.

잦은 꾸지람이 습관이 되면 결국 질책하는 이도, 지적받는 이도 모두 서로를 멀리하고 마음을 닫게 된다. 단지 그 사람의 잘못이 되풀이되지 않게 하려고 한 것뿐이지만 질책을 받는 사람뿐만 아니라 하는 사람도 결국 마음이 어긋나고 뒤틀린다. 책망이 성품에 고이면 관계도 굳게 만든다.

하나님은 우리가 넘어졌을 때 곧바로 꾸짖거나 매몰차게 따라다니며 빈틈을 찔러대지 않으신다. 그런 식으로 그분의 성품을 닮으라고 하지도 않으신다. 사랑은 때때로 큰 소리보다 조용한 기다림에서, 혹독한 가르침보다 다정한 손길에서 더 깊이 스며든다. 박해와 책망이 아니라 은혜와 온유 안에서 우리는 하나님의 성품을 닮은 존재로 자라간다. 결국 마음을 변화시키는 힘은 정죄가 아니라 언제나 포근하게 곁에 머무는 그분의 사랑임을 조용히 깨닫는다.

채찍질로 잠시 정신이
번쩍 들게 하는 것 같지만,
다시 일어서려는 용기를
꺾어버리고 만다.
책망이 성품에 고이면
관계도 굳게 만든다.

참견

참견은 이상하게도 한 번으로 끝나지 않는다. 자꾸만 선을 넘고 때로는 어린아이 다루듯 이래라저래라 지시한다. 한심하다는 표정으로 사람들 앞에서 훈수를 두는 일도 잦다. "그것도 몰라?"라는 말 뒤에는 창피함만 남는다. 사실 조용하게 작은 설명만 덧붙여줘도 충분한 일인데 말이다.

참견은 초대를 기다리지 않고 문을 열고 들어오는 것과 같다. 방향지시등 없이 불쑥 끼어드는 자동차처럼 사람의 마음에 예고도 없이 들어온다. 누구에게나 침범당하고 싶지 않은 고유한 영역이 있다. 존중받으며 배려받기를 원한다. 그러나 참견은 이 선을 쉽게 넘어서 상대가 마음 문을 닫게 만든다.

옳은 말, 적절한 조언이라고 해도 참견처럼 들리기 시작하면 불편하고 듣기 싫어진다. 참견하는 사람은 끼어드는 데에만 익숙할 뿐, 결과까지 품어주지는 않는다. 일이 잘되면 자기 덕분이라 힘을 주기 바쁘다. 남의 허점을 기어이 짚어내는 것이 상대를 돕는 일이라 착각하기도 한다. 그러나 참견은 결국 내가 옳다는 신념의 강요이자 상대방의 자유를 빼앗는 일이다. 조언의 틀과 섬김의 결을 구분하지 못하는 순간, 우리는 소중한 관계에 금을 낸다. 진정한 섬김은 조용하다. 상대의 필요를 살피며 티내지 않고 조심스레 손을 내민다. 말보다는 기다림에 힘이 있다.

종종 누군가를 통제하고 싶거나 내 방식이 옳다고 믿을 때, 말이 많아진다. 경험을 근거로 쉴 새 없이 조언을 쏟아붓지만, 그것은 때때로 부담과 압박이 되어 돌아온다. 이것은 하나님이 일하시는 방식이 아니다. 하나님은 모든 것을 아시지만 우리 삶에 불쑥 끼어들지 않으신다. 기다림이야말로 하나님의 언어다. 우리가 답을 찾아가도록, 서툰 걸음을 내딛는 그 과정을 묵묵히 지켜보신다. 스스로 해답을 얻을 때까지 침묵하시고, 간절히 찾아올 때에는 결코 외면하지 않으신다. 하나님은 우리를 내버려두시지 않으면서도 조급하게 참견하지 않으신다.

때론 누군가의 부족함이 안타까워 참지 못하고 조언을 쏟아내지만 하나님 눈에는 참견하기 바쁜 내 모습이 진짜 더 큰 문제는 아닐까. 잠잠함 속에서 인내와 사랑은 자란다. 섣불리 끼어들지 않고, 한 발짝 옆에서 기다릴 때 하나님이 일하신다. 관계를 온전하게 유지하고 상대의 마음을 살리는 건 결국 인내로 기다릴 때다. 이 사실을 오늘도 조금씩 배워간다.

II

불확실한 인생에 맞둔다

기준

자기 기준이 확실한 사람은 매력적이다. 대세에 휩쓸리지 않고 자기가 정한 길을 가는 사람만이 가지는 멋스러움이 있다. 이런 매력이 깨지는 순간이 있는데, 바로 자신이 가진 기준을 다인에게 고집스럽게 적용하려 할 때다. 자기 신념을 가지고 살아가는 것과 자기 생각만 고집하는 것은 다른 문제다.

사람은 각자 자신이 옳다고 믿고 살아가는 기준이 있다. 모든 사람이 한 마음을 품어서 의견 충돌 같은 일은 없으면 좋겠지만 세상은 그렇지 않다. 천 명이 있다면 그 기준은 천 가지, 만 가지인 것이 현실이다. 이럴 때 필요한 것이 나와 다른 사람을 이해하는 지혜, 상대방이 나와 다를 수 있다는 사실을 받아들이는 관용이다.

내 의견이 받아들여지지 않았다고 해서 무시당했다고 앞서나가 생각할 필요는 없다. 내 마음대로 되는 것보다 되지 않는 것이 더 비일비재하다. 상대방이 배우자나 자녀일 때에는 더 조심하자. 대하기 편안한 상대인 데다가 위하는 마음이 클수록 자기 생각을 더 강요하기 쉽다. 이대로 두면 상대방이 나쁜 길로 가게 될 것 같고, 비뚤어진 성품을 갖게 될 것 같은 불안감이 들 수도 있다. 이럴 때 상대를 통제하려는 마음이 오히려 일을 그르칠 수 있다는 사실을 명심하자.

상대방이 내 마음에 들지 않아도, 그는 여전히 하나님의 형상을 닮은 존재다. 내 삶도 마음대로 되지 않는데, 어떻게 타인의 삶을 내 마음대로 할 수 있겠는

가. 내 인생이 하나님 뜻대로 되듯이 상대방의 인생도 하나님 뜻대로 된다. 우리가 해야 할 일은 나와 다른 사람을 이해하려는 노력뿐이다. 그리고 하나님 앞에서 변해야 할 사람은 상대방이 아니라 언제나 나 자신이다.

속도

서로를 잘 믿지 못해 의심하고 또 의심한다. 어디를 가나 의심을 만나는 시대를 살고 있다. 불신 가득한 세상에서 믿을 수 있는 사람이 된다는 것은 실로 엄청난 일이다. "그 사람이 한 말이라면 나는 믿어. 그 사람이라면 믿고 맡길 수 있어!" 내 곁에 있는 사람들에게 이런 신뢰를 받는다면, 그것만으로도 성공한 인생이다.

조금만 마음이 상해도 서운해하고 억울해하는 세상에서, 누구도 믿지 못하는 의심 가득한 이곳에서 신뢰할 수 있는 사람이 되는 것은 참 어렵다. 우리는 보통 남다른 지식을 소유하거나, 경제적인 능력을 갖추면 된다고 생각한다. 하지만 진정한 신뢰의 근원은 다른 곳에 있다. 바로 그 사람의 성품이다. 재능, 재산은 어떤 이에게는 가질 수 없는 조건일 수 있지만 성품은 다르다. 성품은 아무것도 없는 사람도 추구할 수 있는 목표가 될 수 있다. 그렇게 쌓아간 성품은 돈으로도 살 수 없는 신뢰를 얻게 한다. 물질이 아닌 성품으로 얻은 신뢰는 사라지지 않는다.

재능이나 기술이 불필요하다는 말이 아니다. 하나님도 전지전능하신 능력으로 우리에게 무한한 신뢰를 주신다. 자신에게 필요한 능력을 키워가자. 그리고 그것보다 더 중요한 것이 성품임을 잊지 말자. 우리가 하나님을 신뢰하는 가장 큰 이유는 자비로우시고 은혜로우시고 긍휼이 많으신 그분의 성품으로 인해서다. 우리의 전 인생을 맡길 수 있을 만큼 그분의 선하심을 믿는다.

성품을 기르는 방법은 단순하다. 하나님께 시선을 고정하는 것. 우리는 보는 대로 닮게 된다. 인생에는 이 단순한 것을 하지 못하도록 방해하는 것들이 많다. 특히 자책과 절망이 그렇다. 하나님의 성품은 짧은 시간에 만들어지지 않는다. 닮으려고 노력하는 순간에도 잘못할 수 있고 무너질 수 있다. 다 괜찮다. 포기하지만 않으면 된다. 그때마다 다시 일어나 하나님을 믿음으로 바라보면 된다.

하나님은 하나님의 속도대로 우리를 이끌고 계신다. 눈에 보이지 않아도 하나님의 성품은 우리 안에 차곡차곡 쌓여간다. 이 사실을 신뢰하고 나아가는 길이 성품을 쌓는 길이다. 결국 믿음의 길을 가는 것과 성품을 쌓는 것은 똑같은 말이 아닐까.

걱정

염려를 쉽게 물리치는 방법이 있다. 걱정하게 만드는 일에 마음을 두지 않는 것이다. 생각 자체를 하지 않으면 걱정할 일이 없을 테니까. 하지만 우리에게는 생각을 스위치처럼 마음대로 껐다 켰다 할 수 있는 능력이 없다. 염려는 떨쳐내려고 하면 할수록 더욱 달라붙는다. 무시할수록 더 난리를 친다. 염려는 절대 우리를 포기하지 않는다. 때를 기다렸다 방심하는 순간 다시 찾아온다. 우리에게는 걱정하지 않을 능력이 본질적으로 결여되어 있다.

염려는 힘이 세다. 아직 일어나지 않은 미래에 현재를 끌려다니게 한다. 그래서 지금 이 순간을 온전히 살지 못하게 만든다. 출애굽 후 광야 생활을 하던 이스라엘 백성을 보면 이런 모습이 여실히 드러난다. 하나님은 매일 필요한 양식만 수확하라고 하셨지만, 그들은 내일에 대한 걱정으로 만나를 더 모아두려 했다. 이스라엘 백성이 염려하지 않고 하나님이 만나를 내려주실 것을 온전히 신뢰하기까지 40년이라는 긴 광야 생활이 필요했다.

하나님은 염려를 사라지게 하지 않으신다. 대신 근심과 염려를 하나님께 맡기는 법을 배우게 하신다. "아무 것도 염려하지 말고 … 너희 구할 것을 감사함으로 하나님께 아뢰라(빌 4:6)." 염려를 기도로 바꾸기만 하면 된다. 습관적으로 하는 걱정은 우리를 무너뜨리지만, 매 순간 기도하는 태도는 우리를 다시 일으킨다. 그래서 염려하지 않으려는 노력은 믿음을 훈련하는 과정이 된다. 그렇게 애쓰는 시간을 통해 하나님은 우리를 조금씩 그분을 신뢰하는 존재로 만들어가신다.

염려는 하나님께 아뢸 때 힘을 잃는다. 염려가 찾아왔다면 빨리 하나님께 달려가자. "하나님, 걱정거리가 있어서 나아왔습니다."라고 솔직하게 말씀드리자. 그분은 근심이라는 무거운 짐을 대신 짊어지기를 원하신다. "저 혼자 할게요."가 아니라 "저 좀 도와주세요!"를 기뻐하신다. 혼자 전전긍긍하며 밤잠을 설치는 대신, 모든 염려를 하나님께 가지고 가자. 염려가 마음과 생각에 스며들어도 하나님이 주시는 평강이 그 비를 막아줄 것이다.

실패

"망했다!" 일이 뜻대로 풀리지 않을 때, 한계를 뼈저리게 느낄 때, 예상하지 못한 일이 발생했을 때 입버릇처럼 하는 말. 처음엔 쉽사리 나오지 않았는데 한 번 내뱉기 시작하면 조금만 잘못되어도 "망했다!"가 입버릇처럼 튀어나온다. 정말 망하기를 원하거나 실제로 망한 것은 아닐 텐데 말이다.

어쩌면 이 말은 잘하고 싶었지만 그렇지 못한 것에 대한 실망과 지금 내 능력으로는 할 수 없다는 절망이 만들어낸 말인지도 모른다. 우리는 "망했다!"라는 생각이 들 때면 쉽게 포기하려고 한다. 그런데 일이 맘에 들지 않을 때마다 결과가 좋지 않을 때마다 "망했다, 이번 생은 망했어."라고 말하는 건 하나님을 무시하는 태도가 될 수 있다. 이런 말 속에는 "하나님도 내 인생을 어떻게 할 수 없을 거야!"라는 마음이 담겨있기 때문이다.

하나님이 주신 인생은 성공과 실패라는 단어만으로 전부를 표현할 수 없다. 하나님은 다양한 삶의 모습으로 우리를 이끌어가신다. 그런데도 우리는 성공과 실패로만 세상을 바라보려고 한다. 심지어 하나님이 하시는 일까지 성공과 실패라는 잣대로 평가한다. 이렇게 모든 일을 양극단으로 바라보게 되면 하나님을 제한하게 된다. 하나님은 지금도 살아 계셔서 삶의 모든 여정을 주관하신다. 우리는 부지기수 틀리지만 우리를 향한 하나님은 틀림 없으시다. 실패했다고 절망하지 않아도 된다. 꼭 성공이 아니어도 남들이 알아주지 않아도 괜찮다.

열심히 해도 일이 잘되지 않을 수 있다는 것을 기억하자. 이리 치이고 저리 치이면서 마음에 멍이 들 수도 있다. 정말 망한 것처럼 느껴지는 순간도 있을 것이다. 그런 순간에도 우리 인생은 망하지 않는다. 절망, 실패는 하나님께는 없는 단어다. 하나님의 자녀인 우리는 결코 망할 수 없는 사람들이다. 잊지 말자. 절망 가득한 삶에서도 하나님은 그분의 일을 이루어 가신다는 것을.

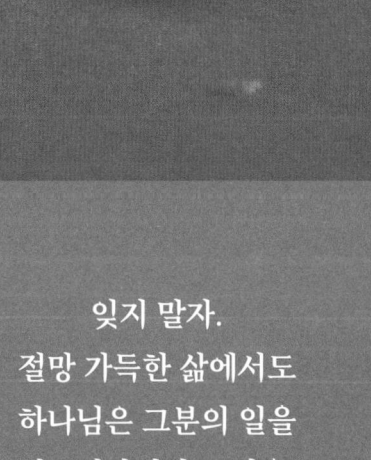

잊지 말자.
절망 가득한 삶에서도
하나님은 그분의 일을
이루어가신다는 것을.

분노

화를 낼 것인지 아니면 참아낼 것인지, 가슴 속에 분노가 올라올 때 우리는 선택의 기로에 선다. 그런데 우리는 분노 다루는 법을 배우지 못했다. 오랫동안 쌓아온 댐이 무너지듯 감정을 폭발시키곤 한다. 분노를 핑계 삼아 오만해지고, 상대를 조롱하거나 상처 입힌다. 이성을 잃기도 하고, 심할 때는 폭력을 동반하기도 한다. 이렇게 쉽게 분노가 표출된다면 어쩌면 마음의 중심이 분노에 휘둘리고 있다는 신호일지도 모른다.

사람들은 분노하는 이유보다 분노하는 모습을 눈여겨본다. 마땅히 분노할 줄 아는 용기가 필요한 때도 있다. 그럴 때에도 중요한 것은 분노를 표현하는 '방법'이다. 정당한 분노라 해도 모든 상황에서 온전히 이해받을 수는 없다. 분노는 결국 자신을 병들게 하고, 내게 소중한 사람들에게 상처를 준다. 한 번 휘두른 분노 때문에 순식간에 생긴 마음의 상처와 관계의 어려움을 회복하려면 긴 시간과 피나는 노력이 필요하다. 다시는 예전처럼 돌아가지 못하기도 한다.

하나님은 우리에게 분노를 '더디 하라.'고 말씀하신다. "내 사랑하는 형제들아 너희가 알지니 사람마다 듣기는 속히 하고 말하기는 더디 하며 성내기도 디디 하라(약 1:19)." 분노가 불길처럼 치밀 때, 마음을 단계적으로 조절하는 것은 어렵다. 그럼에도 잠시, 아주 잠시만이라도 그 분노를 미루는 건 해볼 수 있을 것이다. 신기하게도 활화산처럼 들끓던 분노도 시간이 지나 서서히 사그라들게 되고, 그러면 다시금 마음을 가다듬을 수 있다.

타오르는 분노가 나를 힘들게 한다면 그 마음을 솔직하게 하나님께 고백해보자. 하나님은 끓어오르는 그 마음조차도 부드럽게 품으시는 분이시다. 조금 더디게, 숨을 안으로 내쉬며 천천히 화를 내도 괜찮다. 그렇게 하면 상처받기 쉬운 관계도, 또 스스로를 갉아먹는 분노의 악순환도 피할 수 있다. 하나님은 분노를 언제나 더디하신다. 이것이 하나님의 성품이고, 우리가 닮아가야 할 모습이다. 오늘도 우리 안에 생긴 분노 앞에서 한 걸음 멈춰 서기를 바라본다.

후회

후회는 어쩌면 가장 인간적인 감정일지 모른다. 자기밖에 모르는 사람, 미안함을 모르고 얼굴이 두꺼운 사람은 후회의 감정을 알지 못한다. 자신이 옳은지 그른지도 모르고 실수와 상처를 외면하며 지나친다. 지나간 일을 되새기며 애달파하는 모습이 때로는 못나 보이기도 하지만 잘못을 알고 후회하고 미안해 할 줄 아는 사람이 더 인간다워 보인다.

누군가의 마음을 힘들게 한 후, 무심하게 넘기지 않도록 하는 것도 후회의 역할이다. 지금 있는 자리에 멈추어 지난 시간을 다시 들여다보라고 손짓하는 것도 후회의 마음이다. 하나님은 후회하며 잘못을 깨닫는 사람에게 회개의 문을 열어주신다. 후회는 멈춘 곳에서 다시 시작하라고 나를 부르시는 하나님의 따뜻한 손짓이다.

우리는 왜 늘 비슷한 후회를 반복하는지 알지 못해 답답할 때가 있다. 당장 온전한 모습으로 변화될 수 없다면, 지금 내 곁에 남아 있는 것, 오늘 더 마음을 쏟을 수 있는 것에 눈을 돌려보자. 그럴 때 나를 붙잡고 있는 후회는 조금씩 멀어진다. 하나님은 우리가 아쉬움만 곱씹으며 살아가길 바라지 않으신다.

모든 선택이 정답일 수는 없다. 때로는 넘어지기도 하고, 잘못된 길로 가기도 한다. 그 시간들이 모여 우리는 조금씩 완성되어 간다. 부족했던 날, 실수했던 시간도 모두 내 모습이다. 실패할까 두려워했던 나에게, 용기내지 못했던 나에게, 이제는 아쉬움과 미련의 말이 아닌, 그러한 순간들이 모여 나를 만들어왔다고 따뜻한 격려의 말을 전해주자.

부족했던 날,
실수했던 시간도 모두 내 모습이다.
실패할까 두려워했던 나에게,
그러한 순간들이 모여 나를 만들어왔다고,
따뜻한 격려의 말을 전해주자.

약함

우리는 오랫동안 남에게 약한 모습을 함부로 보이지 말라고 배워왔다. 울음을 보이지 않기 위해, 약한 모습을 들키지 않기 위해, 힘들고 지칠 때에도 "아니야. 괜찮아."라는 말이 일상 언어가 되어버렸다. 하지만 연약함이 부끄러운 것만은 아니다. 생각해보면 가장 사람답다고 느꼈던 순간들은 오히려 약해진 순간들이었다. 누군가의 다정한 위로가 마음에 스며들었던 날, 혼자서 감당할 수 없는 슬픔 앞에서 눈물을 흘렸던 밤, 사랑하는 이를 붙잡고 내 잘못을 솔직하게 털어놓을 수밖에 없었던 날들. 연약함이 없었다면 따뜻한 위로도, 공감도 존재하지 않았을 것이다.

힘들게만 느꼈던 약함이 어쩌면 꼭 나쁘기만 한 것은 아니었다는 것을, 우리는 믿음의 사람들의 이야기 속에서 보아왔다. 가시 같은 고통, 뒤에서 수군댔을 약점을 평생 안고 살았던 바울이지만, 하나님은 오히려 그 약함에 생명과 능력을 부어주셨다. 연약함은 우리를 겸손하게 만든다. 자신의 한계를 인정할 때, 타인에게 도움을 요청하기도 하면서 공동체 안에서 연결되는 법을 배운다. 연약함은 고립이 아닌 사랑의 연합으로 이어지는 다리가 된다. 강건함이 모든 것을 견뎌내는 힘이라면, 연약함은 서로를 이해하고 보듬어가는 힘이다. 약함을 받아들일 때, 타인의 아픔을 이해하고, 사랑할 수 있다.

강자 앞에 작아지고 약자 앞에서는 큰 소리 치는 우리지만, 하나님은 세상의 약한 자들에게 한없이 따뜻하고 너그러운 분이다. 연약함을 감추지 않아도, 하나님의 품 안에서는 아무 문제가 되지 않는다. 마음에 움푹 팬 약함의 자리는 하나님이 우리를 만나 주시는 기도의 자리다. 너덜거리는 연약한 마음은 하나님께 나아가는 길이 된다. 세상 앞에서 나약해질 때마다 오히려 그분의 품이 더 가까워지는 걸 느낄 수 있다면, 흔들리는 날에도 변함없이 붙드시는 하나님을 신뢰할 수 있다면, 연약함이 누군가에게 위로가 되고 누군가의 연약함을 품을 수 있다면 우리는 더 이상 약한 사람이 아니다.

체념

결과가 뻔히 보이고 더 이상 기대도 되지 않았다. 기도한다고 해도 응답되지 않을 것 같아서, 기도조차 하지 않았다. 하나님의 도움이 가장 절실한 때에도 쉽게 포기해버렸다. '이 일은 나에게 무리야.' '지금은 때가 아니야.' 이런 생각으로 내가 하나님이 되어 판단을 내렸다. 사실 그게 편했다. 기대하지 않으니 크게 실망할 필요도 없었다. 언젠가부터 하나님이 행하실 일을 향한 기대감이 사라졌다.

사실 완전히 포기한 것은 아니었다. 늘 최고의 여건

과 최적의 상황을 기다렸을 뿐. 하지만 내가 바라는 모든 것이 완벽하게 갖춰진 환경은 거의 찾아오지 않는다. 인생은 내가 원치 않은 상황과 조건으로 가득하다. 최적의 환경이 오기만을 기다린다면 할 수 있는 일이 아무것도 없다. 바람이 불기를 기다릴 때도 있지만, 바람이 없더라도 달려야 할 때가 있다. 바람을 만들라는 말이 아니다. 바람은 하나님이 만드신다.

내 눈에 보이는 완벽한 시간이 아니라 하나님을 기다려야 한다. 하나님이 함께하실 때가 언제나 최고의 시간이다. 안심하라, 아무것도 보이지 않을지라도 하나님이 함께하신다면 절대로 밍하지 않는다. 삶이 순탄치 않다면 더욱 기도로 몸부림을 쳐야 한다. 이렇게 사는 게 운명이겠거니 단념하지 마라. 하나님과 함께 새로운 삶을 만들어가라. 최악의 환경이라고 생각될 때야말로 최고의 하나님을 만나야 하는 순간이다. 지금 필요한 것은 능력이나 조건이 아니다. 하나님과 함께하는 순간이다.

기도한다는 것은 하나님께서 내 삶을 다스리고 계심을 믿는다는 뜻이다. 내가 가진 조건이나 실력이 아니라 하나님을 믿는 것이다. 결과가 보여서가 아니라 하나님이 말씀하셨기에 일어나 도전한다. 가진 것이 없을 때에도 하나님의 능력을 믿음으로 나는 할 수 있다고 말한다면 그것이 겸손이다. 할 수 없다고 말하는 것이 오히려 하나님을 신뢰하지 못하는 교만이다. 지금 체념하고 있다면 먼저 하나님께 기도해보자. "하나님, 다시 해볼게요. 도와주세요."

불안

매일 불안을 등에 업고 평범한 척 살아간다. 염려와 두려움을 감춘 채 일상에 적응하려 애쓴다. 내일이 어떻게 될지 알 수 없고, 익숙하던 것들이 하나둘 무너지는 세상에서 뉴스 한 줄에도 심장은 두근거린다. 나만 불안한 건 아닐까 싶다가도 눈을 들어 보면 누구나 자신만의 걱정에 시달리고 있음을 알게 된다. 불안은 이 시대의 언어가 되어버린지 오래다.

불안이 찾아오면 마음이 흐트러진다. 나도 모르게 곁눈질하게 되고 다른 사람들을 신경 쓴다. 사람이 많이 모이는 곳, 유행하는 것에 시선을 빼앗긴다. 나만 뒤처질까 봐, 바보같이 남을까 봐 걱정한다. 그래서 남들이 하는 선택을 따라 하게 된다. 남들이 괜찮다고 하면 일단 안심하다가도, 불안은 곧 다시 시작된다. 또 다른 두려움이 만들어지는 것이다.

불안은 아무 이유 없이 계속 속삭인다, 무언가 잘못되었다고. 잠시 괜찮은 것 같아도 불안은 이유를 만들어 다시 찾아온다. 하나님을 성실하게 믿고 신앙생활을 꾸준히 하지만 불안은 여전히 남아 나를 괴롭힌다. 함께하신다는 그분의 약속을 믿고 불안을 떨쳐버리려 하지만 다른 무언가가 나를 안심시켜 줬으면 하는 바람도 여전하다.

그 불안을 가만히 들여다보면 진짜로 원하는 것이 무엇인지 알게 된다. 나를 불안하게 만드는 것, 그것이 바로 원하던 것이다. 평안할 때는 하나님만으로 만족할 수 있다고 막연히 생각한다. 하지만 막상 불안에 처하고 보면 원했던 것은 하나님이 아니었다. 사실

내 안에 하나님을 향한 갈망이 없었다는 것을 깨닫는다. 그제야 비로소 하나님께 매달리게 된다.

불안은 언제나 불쑥 찾아와 마음을 이리저리 흔들고, 시선을 분주하게 만든다. 하지만 그 혼란의 한가운데서 우리는 어디에 마음을 두어야 할지 다시 배우게 된다. 근심에서 벗어나 평안에 닿는 길은 생각보다 단순하다. 오로지 한 곳, 하나님께 시선을 맞추는 것이다. 그래서 오늘도 어김없이 찾아오는 불안 속에서, 하나님께 더 가까이 다가가 평안을 얻는다. 내게 스며든 그 평안은 어느새 내 곁의 불안한 이들에게도 고요하게 전해진다. 이렇게 우리는 하나님의 평안이라는 성품을 배워가며, 흔들리고 불안한 다른 이들까지도 따뜻하게 품을 수 있을 때까지 조금씩 자라간다.

불안을 가만히 들여다보면
진짜로 원하는 것이 무엇인지 알게 된다.
나를 불안하게 만드는 것,
그것이 바로 원하던 것이다.

기다림

내가 할 수 없는 일에 휘둘리지 말자. 하지 못한 일에 방황하며 그 사이에서 맴돌지 말자. 지금은 잘할 수 있는 것에 마음을 쏟는 시간이다. 하나님을 전적으로 신뢰하는 것, 믿음 안에서 굳건하게 기다리는 것, 그것이 내가 제일 잘하는 일이 되었으면 좋겠다.

"기다려봤자 달라지는 건 아무것도 없어. 빨리 포기하는 게 상책이야." 지금의 상황이 계속될지도 모른다는 두려움으로 현재에 안주하고 미뭇거린다. 짧은 기다림도 참지 못하고 빨리 벗어나고자 발버둥을 친다. 시간을 통제하려 한다. 내가 기다림의 시간을 줄여갈 수 있다고 생각한다.

그러나 기다림의 시간을 잘 보내는 사람은 자신에게 일어나는 모든 순간을 하나님의 인도하심으로 믿고 받아들인다. 하나님의 자녀 된 우리의 정체성을 늘 명확하게 인식한다. 하나님은 선하시며 나를 향한 계획 또한 완전하다는 사실을 잊지 않는다. 한없이 깊은 기다림의 어두운 밤, 다른 어떤 세상의 소리도 들리지 않는다. 오직 사라지지 않는 하나님의 말씀만이 들려온다. 침묵의 밤이 복된 이유가 여기에 있다.

기다림을 표현하는 두 단어는 설렘과 인내다. 무언가를 기다리는 것은 설레는 일이기도 하지만 사실 지독한 인내가 필요하다. 기약 없는 기다림은 고통스럽게 하고, 그 시간이 계속되면 자신감을 잃고 마음을 움츠러들게 한다. 사실 기다릴 필요가 없다고 생각될 때 몸부림조차 하지 않는다. 그래서 가망성 없는 관계 앞에서 먼저 이별을 고하고, 아예 끊어버리기도 한다. 그것만이 내가 할 수 있는 최선이라고, 나를 지키는 일이라고 합리화한다. 포기하는 일에 익숙해지다 보면 하나님께도 바라는 것 없이 가만히 있게 된다.

믿음은 이러한 소망 없는 상황 속에서도 기다리는 것이다. 막무가내로 버티는 것이 아니다. 약속을 믿고 기다리는 것이다. 절망 가운데서도 하나님을 바라보는 것이다. 우리는 기다림에 집중하는 사람이 아니다. 그 시간 속에서 '여전히, 내 곁에' 함께하시는 하나님을 바라보는 사람이다. 인생 가운데 기다림의 시간은 자주 찾아온다. 하나님은 이 시간을 통해 우리를 잘 기다리는 사람으로 만들어가신다. 기다림의 시간이 그냥 흘러가도록 두지 말자. 단순한 시간의 흐름으로 보내지 말고 하나님의 은혜로 채워가자.

속
도

간발의 차로 순위가 뒤바뀐다. 속도가 지배하는 세상이다. 아이러니하게도 승부는 '멈춤의 시간'에서 결정된다. 앞서가려고 그 시간을 건너뛰면 견디지 못하고 터져버리고 만다. 잠시 멈추어 마모된 타이어를 갈고 고갈된 기름을 채우는 것, 이 멈춤의 시간에는 순위를 넘어 운전자의 생명까지 달려있다.

우리는 멈추는 시간이 길어지면 초조해한다. 아무 것도 이룬 게 없으니 조바심 내는 게 당연하다. 문제는 이런 조바심으로 인해 폭주를 하게 된다는 것이다. 무슨 문제라도 있는 것처럼, 심각한 결함이 있는 것처럼 내달린다. 패배자로 낙인찍힐지도 모른다는 두려움은 속도를 최대로 높이게 한다. 뒤처지지 않으려고 자신을 혹독하게 몰아붙인다. 멈추면 죽는다고 생각한다. 호흡이 끊기고 심장 박동이 멈추면 죽는 것처럼, 멈추면 끝장이라는 생각은 쉼을 포기하게 만든다. 달리고 싶어도 더 달릴 수 없는 지경에까지 이르게 한다. 그럴 때 하나님이 멈추게 하신다. 멈추지 않으면 죽기 때문이다.

앞만 보고 내달리면 정작 멈춰야 할 때를 모른다. 하나님은 그래서 일부러 멈추게 하신다. 망가지지 않도록, 고장나지 않도록. 그 멈춘 자리에서 보게 하신다. 눈에 보이지 않는 소망을 바랄 수 있는 믿음, 느리게만 느껴지는 시간을 기다릴 수 있는 믿음을 주신다. 하나님 됨을 알게 하시고, 겸손을 배우게 하시고, 당연하게 여겼던 것이 얼마나 소중한지를 깨닫게 하신다. 가만히 서있는 것 같은 그 시간은 그냥 멈춘 것이 아니다. 멈추어 기다리는 시간을 통해 믿음을 지탱할 수 있는 단단한 마디를 하나님은 만들고 계신다.

느림

당연히 오래 걸린다. 좋은 성품이 되기까지 시간이 걸리는 건 당연하다. 하지만 우리는 자꾸 잘못되고 원하는 대로 되지 않을 때 조급해한다. 하나님의 생각과는 다르게 우리는 당장의 변화를 좋아한다. 기다릴 줄을 모르고 말 한마디로 상대를 변화시키려 한다. 빨리 변화시키고 싶은 조급함이 일을 더 엉망으로 만든다는 것을 우리는 잘 안다. 기다림의 시간 없이 문제를 들춰낼 때 오히려 남는 것은 저항과 상처뿐이다. 그럴수록 변화는 오히려 더디어진다.

우리는 모두 다른 배경과 경험을 가지고 있다. 어느 누구 똑같은 사람이 없다. 하나님은 조급해하지 않으시고 우리 각자의 상황과 형편에 맞게 인도하신다. 어떤 이에게는 인내를, 어떤 이에게는 정직을 통해 성품을 단련시킨다. 이 과정은 때로는 더디게 느껴질 수 있지만 하나님의 시간표는 사람의 생각과는 다르다. 성품을 만들어가는 과정은 평생에 걸쳐 걸어가야 할 여정이며, 하나님은 한 사람 한 사람에 맞게 열매를 맺게 하신다는 사실을 받아들이자.

하나님의 일하심을 가지고 비교하지 말자. 하나님은 저마다 다른 방식으로 열매 맺게 하신다. 겉으로 보기에 변화가 없어 보이는 사람도 내면에서는 큰 성장을 경험하고 있을 수 있다. 반대로 빠르게 성장하는 것처럼 보이는 사람도 보이지 않는 곳에서 어려움과 씨름하고 있을 수 있다. 부족하고 연약한 성품에 집중하지 말고, 그것을 다루시는 하나님의 놀라우신 사랑에 집중하자. 하나님의 일하심을 느껴보자.

우리는 한 사람이 걷는 믿음의 여정 전체를 볼 수 없으며, 하나님이 그 사람의 삶에서 어떻게 일하고 계신지 완전히 알 수 없다. 기다려주자. 응원해주자. 사랑하는 가족이든 나 자신이든. 다만 하나님의 시간을 잘 걸어갈 수 있도록 기도해주자. 하나님은 그분의 시간에 놀랍고 섬세한 손길로 우리 성품을 아름답게 만드실 것이다.

합리화

"일부러 그런 건 아니니까 괜찮아." 자기합리화는 달콤하다. 잘못 앞에서 불편함을 누그러뜨리는 진통제와도 같다. 우리는 자신의 죄를 정면으로 마주하지 않고 슬쩍 고개를 돌린다. 문제는 여전히 그 자리에 있고 그저 시선을 돌려 회피할 뿐이다. 불편함을 견디기보다는 외면하는 쪽을 택하고, 그런 선택이 반복되면 부끄러움마저 합리화로 둔갑한다. 처음에는 어딘가 찝찝하지만, 시간이 지나면 그 불편함에도 무디어진다.

자기합리화는 문제의 원인을 바라보지 못하게 한다. 핑계와 변명으로 자신을 감싸기 시작하면, 잘못의 근원을 제대로 마주할 기회를 놓치게 된다. 원인을 직면하지 않으니 당연히 같은 문제는 반복된다. 합리화는 마치 죄에게 물을 주는 일과 같다. 교묘한 말장난으로 상황을 모면하다 보면 책임 회피와 거짓이라는 열매를 맺게 된다.

처음에는 자기합리화가 나를 지키는 방어막처럼 느껴질 수 있다. 그러나 그것이 습관이 되면 자신도 모르게 점점 진실을 외면하는 거짓된 사람이 되어간다. 결국 사람에게도, 자기 자신에게도, 하나님 앞에도 솔직하게 설 수 없게 된다. 그렇게 정직함이 조금씩 사라지면, 자기합리화와 핑계는 우리를 쉽게 빠져나오지 못할 울타리에 가두어버린다. 자기합리화는 더 이상 방어막이 아니라 덫이 되어버린다.

이 덫에서 벗어나는 유일한 방법은 하나님 앞에 정직하게 나아가는 것이다. 잘못을 인정하고, 용서를

구하는 용기만이 자신을 올무에서 벗어나게 한다. 자기 변명의 담장 안에 머무는 대신 진실을 향해 용기 있게 한발 내딛어보자. 변명은 과거에 머무르게 하지만 회개는 새로운 시작으로 이끌어준다.

자신의 잘못을 온전히 직면하는 용기를 쌓아가다 보면 어느새 자기합리화라는 말은 더 이상 필요 없게 된다. 용기 내어 핑계 없이 정직한 하루를 살아내 보자. 그 진실한 나날들이 모여 결국 내 안에 더 빛나는 성품이 자리잡게 될 것이다.

어찌할 수 없는 마음에 멸둡다

눈물

"하나님, 제가 견뎌야 할 고난이 더 남았나요? 얼마나 더 힘들게 하시려고 이런 상황으로 몰아가시는 건가요?" 날마다 물음이 끊이지 않는다. 하루하루가 너무나 괴롭다. 낭상 힘든 건 어떻게든 견디겠다. 나를 두렵게 하는 건, 언제 끝날지 알 수 없는 이 상황이다. 눈앞에 조그만 빛이라도 보인다면, 이 어두운 터널의 끝이 어디인지 감이라도 잡힌다면 버텨보겠는데…. 끝을 알 수 없는 동굴 속에서 길을 잃었다는 생각이 들 때도 있다. 주저앉고 싶어진다.

하나님을 불러본다. 지금 당장 고난을 끝내달라는 것은 아니다. 이 고난의 끝이 언제인지, 지금 어디까지 와있는지 그것만이라도 알려달라고 소리친다. 그런데도 하나님은 잠잠하시다. 오래오래 참게만 하신다.

종종 인생에는 이렇게 무작정 버티고 견뎌야 하는 시간이 주어진다. 심지어 그곳이 사망의 음침한 골짜기보다 더 깊은 곳으로 느껴질 때도 있다.

인내란 단순히 참는 것을 뜻하지 않는다. 억지로 참으면 억울함만 쌓인다. 멀쩡한 척, 괜찮은 척으로 이 시간은 지나가지지 않는다. 우리 힘만으로는 오래 참을 수 없다. 마음만 갈래갈래 갈라질 뿐이다. 참는 것보다 중요한 것이 있다. 하나님의 약속은 반드시 이루어질 거라는 기대를 놓지 않는 것이다. 이 불확실함의 시간 속에서 하나님의 약속을 신뢰하며 기다릴 때 우리 안에 인내가 자란다. 하나님만을 바라는 이 소망으로 인해 한 번 더 참고, 한 번 더 버티게 된다.

우리가 고통 받고 있을 때 하나님이 잠잠하시다는 것은 오해다. 예수님은 십자가를 감당하실 때 많은 눈물의 기도를 올리셨다. 앞에 있는 온전한 기쁨을 위해 십자가를 참으실 때 하나님 앞에서 절규하셨다. 하나님의 약속을 믿지 못해서가 아니다. 부당함과 억울함, 분노 가운데서도 믿음으로 살아내고 싶어서 부르짖는 것이다. 우리와는 기도의 방향이 달랐다. 때와 시기를 묻는 기도가 아닌 하나님을 신뢰하는 믿음을 달라고, 불확실함을 견뎌낼 힘을 달라고 구하신 것이다.

인내는 눈물을 뿌리며 참고 견디는 시간 속에서 자란다. 눈물 없이 오래 참기만 하면 우리 영혼은 가뭄 때처럼 메마르다 못해 바삭해진다. 그러니 버티고 견디기 힘들수록, 하나님 앞에 나아가 눈물을 쏟아내자. 목 놓아 울자. 그때 하나님이 나와 함께 울어 주신다. 마음을 만지사 화는 누그러지게 하시고 괴로운 마음은 말갛게 씻어주신다. 다시 버티고 견딜 만한 새 힘을 주신다. 하나님만을 온전히 의지하게 하신다. 인내는 하나님과 함께 눈물을 뿌린 곳에서 곱게 맺힌다.

갈망

내가 통제할 수 없는 일이 생기면 불안해했다. 뜻대로 되지 않으면 누군가를 탓했다. 일을 잘 해내지 못하면 변명과 핑계를 댔다. 불안을 이기지 못하고 주변 사람들에게 화를 쏟아냈다. 분노에 휩싸이면 그 안에 빠져 허우적대느라 아무것도 하지 못했다. 이런 내 모습에 실망하고 후회하기를 반복했다.

내가 원하는 대로 해달라고 간절히 기도했다. 응답받는 자리에 서기만 하면 믿음이 좋은 신실한 사람이 되는 줄 알았다. 그런데 뜻대로 되는 일은 거의 없었다. 하나님은 내 기도에 거절로 응답하실 때가 많았다. 간절히 원했던 자리에는 다른 사람이 서있었고, 나는 원하지 않은 자리에서 끙끙대며 살고 있었다. '나에게 무슨 문제라도 있는 걸까. 왜 이렇게 되는 일이 없지.' 실패자가 된 기분이었다.

실패의 자리에서 믿음을 배웠다. 거절 받는 자리에서 믿음이 자랐다. 믿음으로 산다는 것은 내 뜻을 마음껏 펼치는 삶이 아니다. 기도는 하나님께 내가 원하는 대로 해달라고 떼쓰는 것이 아니다. 오히려 기도는 하나님의 뜻을 받아들이는 시간이다. 기도할 때 내 뜻은 작아지고 하나님의 뜻은 점점 커진다. 믿음은, 뜻대로 되지 않아도 하나님을 더욱 신뢰하게 되는 것이다.

일과 상황은 내가 바라는 대로 되지 않을 수 있다. 내 뜻은 다 어그러지고 다 깨어질 수 있다. 그러나 하나님의 선하신 뜻은 어떤 상황에서도 깨지지 않고 견고히 서있다. 내가 원하고 바라는 대로 되는 일이 없어도 괜찮다. 오히려 내 뜻이 깨어지는 일이 하나님의 뜻을 깨닫는 기회가 된다. 내 뜻보다 하나님의 뜻을 구하는 이들을 통해 하나님은 당신의 선하신 뜻을 이루어가신다.

바닥

언제부턴가 우리는 '사랑'과 '조건'을 나란히 두기 시작했다. 전혀 어울리지 않는 이 두 단어를 함께 사용하기 시작했다. 사랑을 주기 위해선 내세울 수 있는 어떤 자격, 특별함 또는 성취가 필요하다고 여겼다. 사람들은 조건이 충족될 때에야 비로소 사랑을 허락했다.

나 역시 남들과 비교하며 더 나은 사람이 되기를 바랐다. 조금이라도 부족해보이면 더 잘해야만 내 존재가 입증될 것만 같았다. 사랑받고 싶은 갈망이 나를 끊임없이 증명하게 만들었다. 이것은 하나님께 다가가는 발걸음마저 머뭇거리게 만들었다. '이런 모습으로 하나님 앞에 갈 수 없어.' 하나님이 가장 필요한 순간에도 나아가지 못했다.

일어날 힘조차 없던 어느 날, 이 말씀이 마음 깊숙이 스며들었다. "이는 내 사랑하는 아들이요 내 기뻐하는 자라(마 3:17)." 예수님께 들렸던 말씀이 마치 나에게 하는 위로처럼 다가왔다. '하나님이 나를 사랑하신단다. 하나님께 내가 소중하고 예쁘단다.' 하나님의 기쁨이 된다는 말을 나에게 해주었다. "너 참 사랑스럽구나. 네 모습이 참 예쁘구나." 돌아보면 하나님은 단 한 번도 내 앞에 나른 누군가를 세워 비교하거나 몰아붙이지 않으셨다. 비교의 감옥 속에서 나를 사랑하지 못했던 마음은 하나님이 주신 것이 아니었다. 나는 언제나 그분의 사랑 안에 있었다.

나를 사랑하는 것은 자기애에 빠지는 일이 아니다. 오히려 부족함 투성이인 나를 한없이 끌어안으시는 하나님의 사랑 안으로 깊이 들어가는 것이다. 어떤 특별한 조건이 하나님의 사랑을 불러오는 것이 아니다. 내가 특별하기 때문에 그 사랑을 받는 것도 아니다. 오히려 하나님의 사랑으로 내가 특별해진다. 우리는 하나님께 받은 사랑을 이 땅에 남기고 가는 존재다. 조건 없는 사랑이 내 삶에 남는 흔적이길, 그것만을 바란다.

비방

비아냥거리는 성품은 젖은 먼지처럼 우리에게 잘 들러붙는다. 주의하지 않으면 어느새 익숙해져서 나도 모르게 빈정거리고 쉽게 판단하는 사람이 되어버린다. 비아냥거리는 행동은 언제나 자신을 숨긴다. 웃는 얼굴을 하고, 농담인 척 가장한다. 티 나지 않게, 조용히, 교묘하게 상대방을 깎아내린다. 남을 낮추고 자신을 슬그머니 높이는 말은 결국 교만으로 나아가도록 만든다.

누구나 말은 쉽게 잘한다. 입으로는 모두가 능력자

고 전문가가 된다. 정작 본인은 엄두도 내지 못했던 일을 누군가 해냈을 때, 그 성취의 무게를 가볍게 여기는 사람들이 있다. 누군가의 빛나는 순간에 굳이 그 그림자를 찾아낸다. "저건 그냥 누구나 할 수 있는 일이야. 별 거 아니야."

존 파이퍼 목사님의 말처럼, 남을 잘 칭찬하지 못하고, 그가 잘되는 것이 눈에 거슬린다면 내 영혼에 상처가 있다는 신호일지도 모른다. 하나님이 우리에게 주시는 마음에는 생명이 흐르지만, 마음이 병들면 비아냥거림이 고개를 든다. 누군가의 성취를 비꼬는 것은, 그를 통해 일하신 하나님을 인정하지 않고 그분이 받으실 영광을 가로막는 교만일 수 있다.

비아냥의 언어로 남을 찌를 때마다 우리 손에도 상처가 남는다. 마음의 날카로움을 걸러내려면, 스스로를 더 넓은 곳에 두어야 한다. 우리를 영원히 품으시는 넓은 하나님의 품으로 들어가는 것이다. 지금 내 입술에서 자주 빈정대는 말이 쏟아진다면, 주저

말고 은혜의 보좌 앞으로 달려가야 한다. 하나님은 오늘도 우리를 위해 은혜를 넉넉히 쌓아놓으셨다. 믿어지지 않을 만큼 크고 넓은 그 은혜는 나밖에 모르던 옹졸한 마음을 넓은 들판처럼 확장시키고, 죽이는 말이 아닌 생명의 언어를 입술에 맺게 하신다.

나중

바쁘게 살다 보면 깜빡 잊고 지나치는 일들이 생기기 마련이다. 예상치 못한 일들이 꼬리에 꼬리를 문다. 어제 끝내지 못한 일이 여전한데 오늘은 오늘의 일이 쏟아진다. 원래 하려던 일은 쉽게 뒤로 밀려난다. 그럴 때면 "뭐, 그럴 수도 있지. 나중에 하는 수밖에."라며 스스로 위로하곤 한다. 그런데 이 '나중'이 내 편이 아니라는 걸 왜 뒤늦게 깨닫게 될까?

설거지는 내일 해도 되고, 빨래도 며칠 더 모아둘 수 있다. 지금 당장 하지 않아도 세상이 무너지는 건 아니니까. 문제는 작은 일 하나하나가 점점 쌓여서 우리를 점령해버린다는 것이다. 미뤄둔 일은 결국 더 큰 후회와 압박으로 돌아온다. 마음까지 무겁게 만들고, 결국 일정을 이끌어가는 게 아니라 일에 끌려다니게 한다.

우리는 스스로를 속인다. 지금이 아니어도 언젠가 할 수 있다고 자꾸 합리화한다. 마음으로는 진심이었겠지만 게으름과 회피는 생각보다 강력하다. 내일은 내 것이 아니라는 아주 단순하고도 깊은 진리를 우리는 자주 잊는다. 미루는 습관은 결코 사소한 일이 아니다.

미루는 일은 신앙생활에서도 비슷하게 나타난다. "조금만 더 생각해볼게요." "나중에 기도하고 결정할게요." 이렇게 뒤로 미루는 일이 반복되면 순종해야 할 때 하지 못하고, 하나님은 우선순위에서 뒤로 밀려난다. 기도는 결단을 위해 하는 것이 아니라 망설임의 다른 이름이 되어버린다. 시간을 벌기 위한 핑계가 되는 것이다.

해야 할 일을 자꾸 미루는 성품을 가지고는 제대로 이룰 수 있는 게 없다. 그 당연한 진실을 오늘 다시 마음에 새긴다. 완벽한 때를 기다리며 미루지 말자. 하나님의 때는 항상 완벽하다. 우리가 하지 않을 뿐이다. 하나님은 나중이 아니라 '지금' 나와 함께 계신다. 오늘 우리가 충실할 때, 그분은 매일의 일상에 그분의 신실하심과 성실하심의 흔적을 남기신다. 오늘 해야 할 일은 오늘 해보자.

하나님의 때는 항상 완벽하다.
우리가 하지 않을 뿐이다.

겉모습

착한 것과 착하게 보이려는 것은 다르다. 이것은 성품이나 마음의 문제를 넘어선다. 평가와 시선에 대한 이야기다. 착하게 보이고 싶은 마음을 가진 사람은 그 이미지를 유지하기 위해 더 애쓰게 된다. 자신의 감정을 솔직하게 표현하지 못하고 타인을 위해 지나치게 노력한다. 거절은 매우 어려운 일이 되고, 일상도 원하지 않는 방향으로 흘러간다. 정작 해야 할 일은 하지 못한 채 중요한 일을 내일로 미루게 된다.

타인의 시선과 평가에 예민하게 반응하다보니 늘

자신을 혹사시킨다. 수없는 양보와 희생에도 기쁨은 없고 서운한 일들만 쌓인다. 칭찬 받기 좋아하고, 고맙다는 말을 듣는 것을 매우 중요하게 생각한다. 자연스레 사람들의 반응이 없는 일에는 잘 참여하지 않게 된다. 상처도 쉽게 받고, 이런 나를 사람들은 더 쉽게 이용하는 것 같다. 그래도 착한 사람이라는 평가만 받으면 되기에 참고 견딘다. 하지만 슬프게도 사람들은 '착한 사람처럼 보이는' 행동을 좋게만 보지는 않는다.

그리스도인은 사람들의 필요에 민감할 수밖에 없다. 낮아지고 섬기는 것이 그리스도인의 정체성이기 때문이다. 그런데 남의 부탁을 잘 들어준다고 착한 사람이 되는 것은 아니다. 선함, 착함의 평가로부터 자유로워야 한다. 우리는 '착한 사람'이 되기 위해서가 아니라 '착한 일'을 위해서 부름받았다. 만나는 모든 사람에게 착한 사람으로 인정받으려는 욕심을 내려놓자. 예수님도 모든 사람과 사이좋게 지내지는 않으셨다. 악의적으로 비방을 일삼는 사람들, 시비를 걸어오는 사람들까지 만족시키기 위해 노력하지는 않으셨다.

모든 문제, 모든 사람을 품으려고 너무 애쓰지 말자. 애초부터 불가능한 일이다. 그것은 십자가를 지는 일도 아니고 예수님을 닮는 일도 아니다. 오히려 내가 도울 수 없는 사람까지 품으려 하다가 정작 필요한 사람들을 섬기지 못하게 된다. 나를 너무 힘들게 하는 사람과의 관계, 착한 일을 하다가 생기는 문제는 하나님께 올려드리자. '착한 사람'이 되기 위해 애쓰지 말고 오늘도 '착한 일'을 이루어가는 하나님을 기대하자.

우리는 '착한 사람'이
되기 위해서가 아니라
'착한 일'을 위해서 부름받았다.

무기력

평소 한가롭게 지내던 사람은 무기력에 빠지지 않는다. 무기력도 아무에게나 찾아오는 것이 아니다. 열심히 산 사람, 쉽게 포기하지 않는 사람을 기가 막히게 알아보고 찾아온다. 실패와 좌절을 반복해서 맛보면 힘이 빠진다. 기대했던 결과를 얻지 못하는 일이 계속되면 더 이상 의욕이 생기지 않는다. 어차피 나는 해도 안 될 사람이라는 생각에.

실패하고 또 실패했다. 그때마다 더 노력했다. 떨어질수록 더 열심히 했다. 하지만 크게 달라진 건 없었다. 처음보다 더 나아진 것 같지도 않았다. 이젠 노력하는 것도 지쳤다. 아무것도 하고 싶지 않다. 무기력은 이렇게 찾아온다.

노력이 오히려 실망의 구렁텅이로 더 깊이 밀어넣을 때가 있다. 도전할수록 더 바보가 되는 것 같이 느껴질 때가 있다. 예상하지 못한 초라한 성적표를 받게 되면 점점 더 두려워질 수밖에 없다. 그럴 때마다 "내가 하는 게 다 그렇지, 어차피 해도 안 될 게 뻔해."라고 자책하는 것을 멈춰야 한다. 그것은 쓰러진 영혼에 타박상을 입히는 일이다. "정말 잘하고 있어. 하나님은 네가 얼마나 고생했는지 누구보다 잘 알고 계셔." 따뜻한 말로 치기운 바닥에 누워있는 자신을 일으켜 세워줘야 한다.

우리는 아무것도 하지 않고 손 놓고 있는 사람을 보면 게으르다고 생각한다. 하지만 그는 누구보다 잘하고 싶었던 사람일지도 모른다. 무기력은 쏟아부은 노력이 무가치하게 느껴질 때, 모든 수고가 무의미하게 여겨질 때 찾아오기 때문이다. 사람들은 결과만 보고 가치를 평가하고 의미를 부여한다. 하지만 가치와 의미는 사람이 정하는 게 아니다.

무기력함이 찾아오면 바로 하나님께 나아가자. 잠잠히 그분의 말씀을 듣자. 그분은 우리의 시간이 가치 있다고, 함께하는 그 시간이 헛되지 않다고 말씀하신다. 이 말씀 앞에 바로 설 때 비로소 무기력함에서 벗어나 하나님이 주시는 풍성함을 바라볼 수 있다. 실수와 실패로 가득한 인생도 무의미하지 않다. 하나님은 그런 시간도 가치 있게 만들어가시는 분이다.

조급함

조급해지면 쉽게 흥분하게 된다. 거친 말이 튀어나오기도 하고, 하지 말아야 할 말도 섣불리 하게 된다. 제대로 된 판단도 하지 못해서 관계가 엉망이 되기도 한다. 마음이 쫓길 때는 신중하게 생각할 여유가 전혀 없고, 기도하는 시간조차 아깝게 여겨진다. 그래서 조급함은 사탄이 가장 좋아하는 무기일지도 모른다. 사람을 손쉽게 넘어뜨릴 수 있기 때문이다.

"지금 당장 하지 않으면 안 돼. 늦으면 원하는 걸 얻지 못할지도 몰라!" 나도 모르는 사이 재촉하고 다

그치는 게 일상이 되었다면 조급함의 덫에 걸린 것은 아닌지 의심해보아야 한다. 뜻대로 되지 않을지도 모른다는 불안감, 경쟁에서 밀린다는 두려움, 무슨 일이든 칭찬받아야 한다는 압박감이 한 데 엉켜 조급함을 만들어낸다. 성공에 대한 갈망이 나를 이렇게 만들지 않았는지, 사람들에게 받는 인정과 환호에 대한 갈망을 삶의 동력으로 삼아오진 않았는지 점검해야 한다.

사울 왕도 그랬다. 사무엘이 더디 오자 마음이 다급해졌다. 조급함이 불안함과 경쟁심을 만들어냈다. 사울은 사무엘을 기다려야 했다. 아무리 늦게 오더라도 기다려야 했다. 그러나 기다리지 못하고 직접 제사를 드리는 죄를 범했다. 마음이 조급해지면 하나님이 눈에 들어오지 않는다. 말씀을 어기고 불순종하는 것도 문제가 되지 않는다. 하나님의 시간표가 아닌, 나의 시간표대로 나아가려 한다.

조급함을 대수롭지 않게 여길지도 모른다. 하지만

하나님은 매우 심각한 문제로 여기신다. 조급할 때 내가 주인 노릇을 하기 때문이다. 앞서가시는 하나님이 아닌, 하나님을 끌고 가는 내가 있다. 마음이 쫓기니 하나님이 말씀하실 틈을 주지 않는다. 기도는 언젠가부터 통보가 되었다. 나에게 말을 걸어오셔도 '용건만 간단히'라면서 빨리 자리를 뜨려고 한다. 늦는 것만 큰일이 아니다. 하나님보다 앞서는 일이야말로 진짜 큰일이다.

이제 불안함에 서두르지 말자. 오늘도 조급함에 매여 앞서가려는 우리를 하나님은 불러 세우신다. 그리고 인생을 가장 잘 아시는 그분께서 말씀하신다. "잠시 나와 함께 기다려볼래!" 우리는 하나님 뒤에 있을 때 가장 안전하다.

멈춤

자신 있게 보이고 싶었다. 멋지게 성장하고 있음을 알려주고 싶었다. 그러나 이상하리만치 늘 제자리였다. 사방이 막힌 벽에 갇혀있는 듯했고, 어둡고 깊은 웅덩이에 빠져버린 것만 같았다. 기름 묻은 바닥을 맨발로 걸어가는 사람처럼 한 걸음 내디딜 때마다 미끄러졌다.

하나님도 당당히 앞을 향해 걷는 이들에게 미소를 건네는 분이라고 느껴졌다. 힘 있게 자신의 한계를 뛰어넘는 자들의 하나님, 그래서 다시 일어서기를 주저하는 나와 같은 사람은 외면하고 끝내 다가오지 않는 분이라고 단정지었다.

우리는 늘 어제보다 조금 더 단단해진 자신을 보여주고 싶은 마음을 품는다. 오늘의 내가 어제의 나와는 다르기를 바란다. 한없이 뻗어 오르는 나뭇가지처럼, 매일 조금씩 자라는 사람이 되고 싶다. 하지만 어제와 별반 다를 것 없는 나를 마주할 때면, 한숨이 저절로 새어나온다. 부모님의 기대, 사람들의 시선, 그런 것들에 맞춰 나를 조율하며 살아가는 것은 나이가 들어도 여전히 쉽지 않다. 사실 우리 힘과 능력으로는 할 수 있는 일보다 없는 일이 더 많다.

'내가 꼭 해내야만 해.'라고 여기면 금세 실망이 찾아온다. 하지만 '하나님은 언제나 나를 자라게 하신다.'고 생각하면 마음에 작은 소망이 깃든다. 자란다는 것은 언제나 시간이 지나고 나서야 드러나는 일이다. 오늘의 내가 느리게 느껴지고, 멈춘 것 같고 절망감으로 인해 무거울지라도, 그 멈춤 또한 하나님이 허락하신 성장의 시간임을 이제는 안다.

하나님은 내가 어디에 있든지 어떤 모양으로든 자라게 하신다. 세상에 쓸모없어 보이는 긴 한숨도, 아무 의미 없어 보이는 좌절과 절망도, 하나님의 손에 닿으면 모두 단단한 성장의 밑거름이 된다. 마른 땅에 내리는 비처럼, 나는 날마다 하나님의 은혜를 받으며 살아간다. 오늘도 그 은혜 안에서 아주 조금씩이지만 성장하고 있음을 이제는 믿는다.

미움

좀처럼 잠이 오지 않는다. 손에 잡히는 것 하나 없고 마음은 불쑥불쑥 치미는 화에 사로잡힌다. 생각하지 않으려 애를 써 봐도 그 사람의 얼굴이 자꾸 떠오른다. 그렇게 미운 마음이 고개를 든다. 미움이란 감정은 참 무거운 짐이다. 마치 모래주머니를 차고 하루를 견디는 것처럼 쉽게 지치고 피곤하게 만든다. 감사가 넘쳐야 할 하루에 흠집이 난다.

묵직한 미움은 결국, 미움의 대상보다 그 감정을 품은 나를 더 괴롭힌다. 기쁨의 일상은 저만치 멀어지고 예배의 감격 대신 미운 마음이 그 자리를 차지한다. 그냥 툭툭 털어버리고 싶어도 쉽지 않다. 시간이 흐르면 저절로 괜찮아질 거라 말하지만, 결코 저절로 사라지는 것이 아니다. 마음 어딘가에 숨어있다가 비슷한 일이 생기면 몸집을 키워 다시 덮친다. 내 마음과 일상을 망쳐버릴 때까지.

사실 미움은 누구나 경험하는 감정이다. 우리가 사랑할 수 있는 것처럼 때론 미워할 수도 있다. 그러나 미운 마음이 올라온다고 해서 그 감정에 마음을 내주거나 표출하는 게 정당화되는 건 아니다. 미움은 분노라는 불씨를 만들어내기도 한다. 성경에는 그 불씨가 어떻게 거센 불길이 되는지 여러 번 나온다. 가인은 아벨을, 에서는 야곱을, 사울은 다윗을 미워했다. 미움은 결국 자신뿐 아니라 주위의 많은 것을 무너뜨린다.

미움을 품고 산다는 것은 마음에 화살을 꽂은 채로 사는 것과 같다. 함부로 뽑으려 들면 피만 더 흐른다.

그러나 화살이 박혀있는 채로 살 수는 없다. "미워하지 마세요, 빨리 용서하세요!"라는 말만으로는 해결할 수 없다. 억지로 용서하는 것에는 상처만 남는다.

화해와 용서를 먼저 하라고 자신을 몰아세우기보다 먼저 하나님께 지금 내 마음을 보여드리자. 나쁜 감정을 억지로 지우려 애쓰기보다 그 자리에 조금씩 하나님의 마음을 덧입히려고 노력해보자. 미운 그 사람을 용서하는 것은 참 어려운 일이지만 미운 마음을 그대로 가지고 하나님 앞으로 나아가다보면 미움은 조금씩 그 빛을 잃는다. 하나님은 우리를 치유하시는 분이다. 그분이 내 안에 박힌 미움의 상처를 들여다보고 치료해주시기를 기다리는 시간이 필요하다. 미움이 걷히고 하나님의 성품이 들어서는 것은 어쩌면 이렇게 잔잔하게 하나님 품 안에서 이루어지는 것인지도 모른다.

온유

"힘을 빼세요." 수영 선생님은 같은 말을 반복했다. 힘을 빼야 물에 뜬다고 했다. 몸을 맡겨야 앞으로 나아갈 수 있다고 했다. 그러나 몸은 말을 듣지 않았다. 불안해서 힘을 풀지 못했다. 어딘가 단단히 움켜쥐지 않고서는 도무지 안심이 안 됐다. 결국 가라앉고 말았다. 힘을 빼지 못한다는 것은 익숙한 방식이나 고집을 내려놓지 못하는 일과 닮았다. 듣는 척하지만 결국 내 방식대로 움직이는 것. 익숙함은 고집이 되고, 고집은 나를 붙잡았다.

온유라는 말은 대개 부드럽고 상냥한 얼굴을 떠올리게 한다. 쾌활하거나 자기 고집이 센 사람은 온유와 거리가 있다고들 한다. 그러나 온유가 타고난 기질이라면 노력할 이유가 전혀 없다. 성경에서는 모세가 땅에 있는 자 중 가장 온유하다고 말한다. 모세는 강한 사람이었다. 불의 앞에서는 돌아서지 않았고, 분노를 쉽게 드러냈다. 젊은 모세는 혈기와 용기로 사는 사람이었다. 하나님은 그를 온유하게 가르치셨다, 그분의 손아래에서. 성경은 이렇게 온유가 기질이 아니라 삶의 태도, 선택이라고 말한다.

온유는 자기 힘을 빼는 것이다. 내 마음대로 할 수 있어도 그러지 않기를 선택하는 것. 내 뜻대로 되지 않아도 불안해하지 않는 태도. 내가 쓸 수 있는 자유를 함부로 사용하지 않는 절제. 그렇게 하나님 앞에 모든 것을 내려놓고, 말씀 앞에 잠시 멈춘다. 그럴 때 온유는 내 삶에 머무른다.

예수님은 온유를 배우라고 말씀하셨다. 온유는 어찌

할 수 없는 성격이 아니라 매일 매 순간의 선택이다. 조용한 사람도, 거센 사람도, 누구나 온유한 성품으로 변화될 수 있다. 온유해져간다는 것은 자기 뜻과 힘을 내려놓고 하나님께 의지한다는 의미다. 익숙한 기질을 버리고, 하나님을 신뢰하는 것. 그렇게 우리는 온유하신 예수님을 조금씩 닮아간다. 오늘도 힘이 잔뜩 들어간 나는 물에 몸을 띄우듯, 하나님 앞에 모든 것을 내어놓는다. 그 부드럽고 단단한 하나님의 온유하심에 오늘도 몸을 맡긴다.

온유는 자기 힘을 빼는 것이다.
내 마음대로 할 수 있어도
그러지 않기를 선택하는 것.
내 뜻대로 되지 않아도
불안해하지 않는 태도.
내가 쓸 수 있는 자유를
함부로 사용하지 않는 절제.
그렇게 하나님 앞에 모든 것을 내려놓고,
말씀 앞에 잠시 멈춘다.
그럴 때 온유는 내 삶에 머무른다.

비관

어디에나 있다, 매사에 고개부터 젓는 사람들. 일은 시작도 안 해보고 "그럴 줄 알았어, 해봐야 소용없어."라며 단정짓고 씁쓸하게 만드는 이들. 가능한 방법보다 할 수 없는 조건과 핑계부터 찾아내는 사람들이다. 비관적인 말은 남의 의욕을 꺾는 데는 아주 제격이다. "나도 다 해봤어. 결국 후회하게 될 거야." 이 말은 과연 실패할까 봐 걱정하는 건지, 속으로 그 실패를 기다리는 건지 헷갈릴 정도다. 그런 말은 한번 들어오면 좀처럼 마음에서 잘 빠져나가지 않는다. 회의적인 사람들은 일이 잘못되면 마음이 놓이는 것 같다. 그래야 자기 말이 맞았다고 주장할 수 있기 때문이다.

성경 속 가나안 땅 이야기에도 비슷한 모습이 등장한다. 열두 명의 정탐꾼이 똑같이 그 땅을 보고 똑같은 것을 경험했지만, 열 명은 처음부터 안 될 거라 단정지었다. 반면에 여호수아와 갈렙은 하나님이 함께하신다면 반드시 해낼 수 있다고 믿음의 말을 했다. 하지만 사람들의 마음을 뒤흔든 것은 믿음보다는 부정적인 말들이었다.

비관적인 말은 가던 길을 멈추게 한다. 희망을 꺾고 작은 믿음마저 자취를 감추게 만든다. 부정적인 사람은 본인뿐 아니라 주변까지 전염시킨다. 아직 피어나지도 않은 열정, 하나님을 향한 순수한 결심에도 찬물을 끼얹는다. 때로는 하나님께 순종하려는 마음조차 꺾어버린다.

우리는 종종 하나님보다 내 능력, 내 한계에만 더 집

착한다. '나는 할 수 있을까, 혹시 또 실패하지는 않을까.' 이런 염려가 자꾸 마음에 피어난다. 하지만 하나님은 대단한 성과나 완벽한 변화를 원하시는 것이 아니다. 흔들리면서라도 한번 걸어보려는 마음, 미약하더라도 시도해보는 용기, 그것으로 충분하다고 말씀하신다.

현실을 직시하게 하는 부정적인 말이 무조건 틀린 것은 아니다. 그런데 옳고 그름보다 더 중요한 것은 우리 마음이 하나님 마음에 닿아있는지, 그분의 약속 위에 서있는지 여부다. 믿음이란, 더 이상 내 논리나 감정에 삶을 맡기지 않고 하나님의 약속 안에 나를 두겠다는 다짐이다. 하나님은 말씀을 품고 사는 우리의 하루하루를 세상의 회의적인 시선과 염려에 흔들리지 않도록 지켜주신다. 오늘도 하나님이 주시는 믿음의 성품이 부정적인 말로 얼어붙은 마음 위로 따뜻한 햇살처럼 떠오르기를 잠잠히 바라본다.

흔들림

바람이 분다. 언제나 그렇듯 바람은 대상을 가리지 않는다. 그 바람에 우리는 모두 어쩔 수 없이 흔들린다. 하찮은 잡초조차 바람에 따라 하염없이 흔들리지만 땅이 단단히 그 풀을 붙잡기에 쉽게 뽑히지 않는다. 우리도 자주 흔들린다. 삶 자체가 흔들림의 연속이다. 아주 작은 일에도 마음이 출렁이고, 때로는 생각지 못한 큰 파도에 쓰러지기도 한다. 불안과 염려로 온몸이 울린다. 실패와 절망을 반복하는 동안 우리는 한없이 무너져간다. 이해할 수 없는 시간의 연속이다.

수많은 흔들림과 넘어짐의 끝에서 한 가지를 배운다. 넘어짐이 우리를 완전히 무너뜨리지 못한다는 것, 그 시간을 통과한 믿음은 더 깊어지고 단단해진다는 사실이다. "그는 넘어지나 아주 엎드러지지 아니함은 여호와께서 그의 손으로 붙드심이로다(시 37:24)." 그렇다. 하나님이 끝까지 붙드신다. 그러니 넘어질 때마다 더 깊이 뿌리를 내릴 것이다.

흔들림과 넘어짐이 나를 자라게 하고 믿음을 더욱 단단하게 키워주었다. 바람 없는 날이 없듯 어려움 없는 인생도 없다는 사실을 담담하게 받아들인다. 오늘도 흔들릴지 모르지만 예전처럼 두렵지 않다. 세상 끝 날까지 나를 붙드는 하나님의 손길을 믿기 때문이다. 이 믿음이 삶을 지탱하는 든든한 뿌리가 된다. 언젠가 모든 흔들림이 끝나는 날, 그분 앞에 설 때에 얼마나 깊이 뿌리 내리며 믿음으로 견디었는지 보여드리며 받게 될 칭찬을 기대한다.

흔들림과 넘어짐이
나를 자라게 하고
믿음을 더욱 단단하게
키워주었다.

예민함

누군가는 작은 바람결에도, 스쳐 지나가는 시선 하나에도 마음이 흔들린다. 자꾸만 신경이 곤두서고 사소한 일조차 자꾸 마음에 걸려 피로가 쌓인다. "나는 참 예민한 사람이다." 많은 이들은 이런 자신의 예민함을 감추고 싶어 한다. 혹여 주변에서 까다롭다, 까칠하다고 생각할까 봐 무던하고 명랑한 척 애써 본다. 하지만 그런 연기 끝에는 오롯이 혼자 견뎌야 하는 마음의 피로가 남는다. 이따금 이렇게 사는 게 맞는지 스스로에게 묻게 된다.

예민함은 정말 부정적인 것일까. 작은 일에 쉽게 짜증을 내고 스트레스를 받는 성격, 그 표면만 보고 단정하기엔 이 감정에는 다른 면이 있다. 예민하다는 것은 그만큼 섬세하다는 것이다. 미묘한 분위기, 고요한 침묵 속에 숨어있는 의미까지 읽어내는 능력. 남들이 무심히 지나치는 변화를 가장 먼저 감지할 줄 아는 사람. 어쩌면 예민함은 세상을 더 자세히 바라볼 줄 아는 감수성의 또 다른 이름일지도 모른다.

예민함은 때로 오해를 불러온다. 누군가를 신경 쓴다던 마음이 '간섭'이나 '통제'처럼 느껴질 수 있다. 섬세함이 거칠게 드러나면 날카로움이 되고, 차갑게 표현되면 오해와 싸늘함만 남는다. 또 지나친 걱정은 누구에게도 도움이 되지 않는다. 그럼에도 예민함은 단점만 가진 성품은 아니다. 세심한 관찰과 민감한 공감은 남들이 쉽게 놓치는 기쁨과 아픔을 더 먼저 발견하게 한다. 그래서 예민한 이들은 다른 사람의 감정에도 진심으로 공감하고 남들이 무심히 지나칠 때 가장 먼저 손 내밀 수 있는 사람들이다.

하나님의 마음도 이처럼 섬세하다. 하나님은 우리 필요에 민감하게 반응하신다. 그렇다고 시시콜콜 간섭하거나 억지로 통제하지 않으신다. 그저 다정하게 항상 곁에 머물며 살핀다. 누가 눈물을 흘리는지 누구의 마음이 아픈지 조용히 알아채신다. 예민함도 하나님의 선물이다. 하나님의 마음이 닿을 때 예민함은 섬세한 다정함으로 빛난다.

누군가의 아픔을 가장 먼저 알아차리고 위로의 말을 건넬 수 있는 돌봄의 마음. 관심과 배려의 예민함이 내 안에 있다면 그것은 감추거나 부끄러워할 일이 아니다. 내 섬세함이 누군가의 삶에 작은 빛으로 스며들 수 있다면 그 자체로 충분히 아름다운 일 아니겠는가. 예민함을 애써 숨기지 말자. 우리에게 주신 그 성품으로 인해 사람들의 마음이 조금 더 따뜻해지고 세상이 조금 더 세심하게 보살핌을 받을 테니까.

IV

하나님 앞에 멈추다

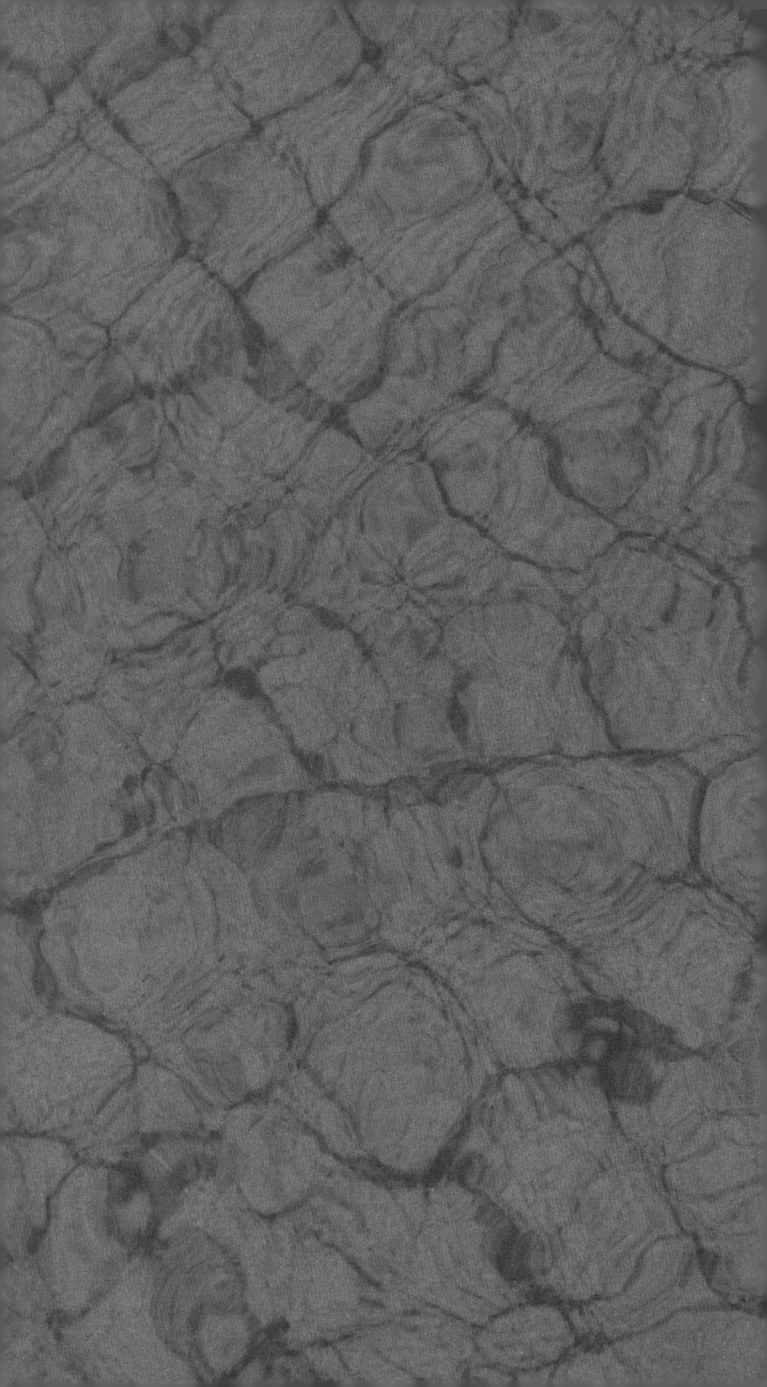

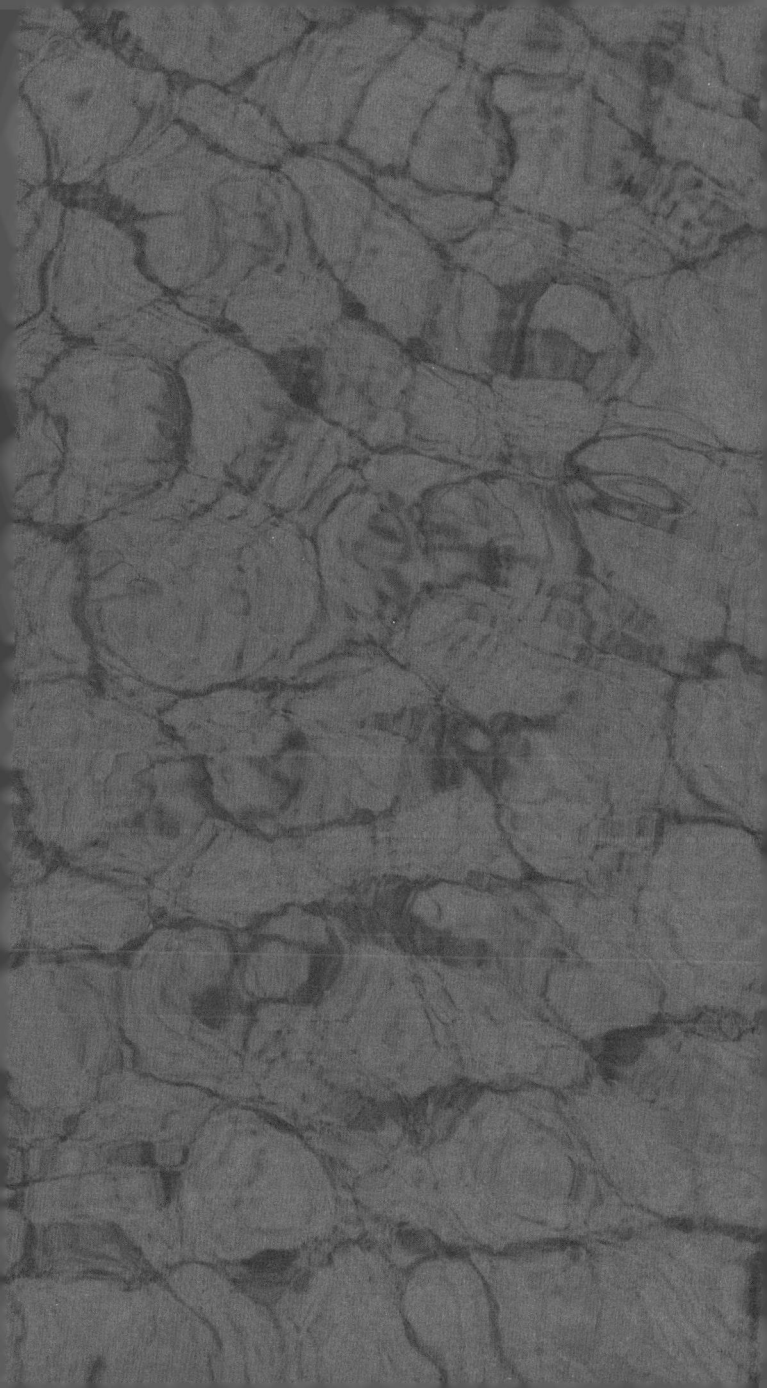

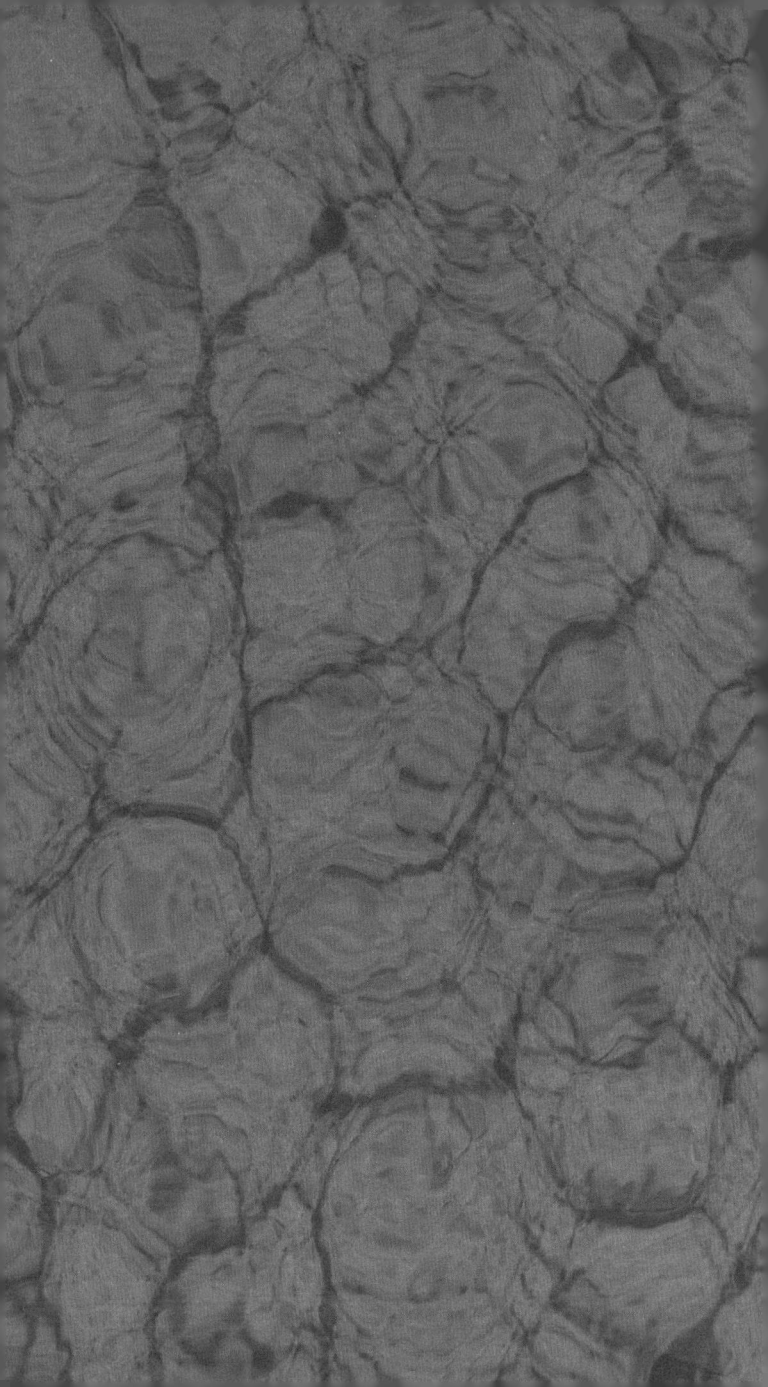

고
독

혼자가 되면 슬며시 두려움이 찾아온다. 어느 순간 무기력과 우울감이 나를 휘감고 있는 것을 인지하게 된다. 그래서 되도록이면 다른 사람들의 말과 행동에 귀 기울여 좋은 관계를 유지하려고 한다. 다만 여기서 문제는 외톨이가 되지 않으려고 성향이 맞지 않는 사람과도 관계를 맺어야 하는 데 있다.

상대의 기분을 살피고, 적절한 반응을 보이며, 갈등을 관리하는 일은 고단하다. 감정 소모도 크고 스트레스도 쌓인다. 사사건건 부딪치는 사람을 번번히 마주쳐야 하는 일상은 상당히 고달프다. 일 힘든 것보다 사람 힘든 것이 더 괴롭다. 당장이라도 모두 포기하고 떠나고 싶다. 사람에게 치이고 상처받으니 차라리 혼자 지내는 게 낫겠다고 생각하게 된다.

인간관계에 힘든 일을 겪을 때는 홀로 있는 시간이 필요하다. 도망쳐 숨으라는 말이 아니다. 오히려 찾아서 만나라는 것이다. 똑같이 혼자 있는 시간이지만 고독은 고립과는 다르다. 고립은 나를 가두는 시간이지만 고독은 나를 자유롭게 하는 시간이다. 그리스도인에게 고독은 하나님과 독대하는 시간이다. 그 시간은 쓰라린 상처를 아물게 하고, 지친 영혼에 힘을 불어넣어 준다.

고독의 시간에 들어갔다면 서둘러 일어나려고 하지 않아도 된다. 우리는 열까지 세기 전에 재빨리 일어나야 하는 권투 선수가 아니니까. 충분히 하나님과 함께 시간을 보내고 나면 오히려 인간관계가 더 단단해진다. 무의미한 시간처럼 보이는 영혼의 어두운 밤이 우리를 성장시킨다. 우리의 성품은 그때 자란다. 물리적으로 혼자 있는 것 같은 그 시간을, 하나님으로 충만한 시간으로 만들어보자. 다른 사람과 함께하는 시간에 공을 들이듯, 나와 함께하시는 하나님께 시간을 내어보자.

기쁨

의도적으로 기뻐하는 척이라도 해보려고 하지만 쉽지 않다. 피로가 계속되면 만성 피로가 되듯이, 절망과 우울도 마찬가지다. 반복되어 내 안에 쌓이면 걷어낼 수 없는 깊은 상처가 된다. 그래서 더욱 애써 절망 대신 기쁨을 선택하려 하지만, 모든 것이 마음먹기에 달렸다지만, 현실은 그렇게 녹록치 않다. "항상 기뻐하라(살전 5:16)"는 말씀에 순종하기가 왜 그렇게 어려운지.

날마다 기뻐하고 즐거워하고 싶지만 시시때때로 감

정이 흔들린다. 사람의 인정이나 세상에서의 성공 여부에 따라 마음이 변한다. 어떻게 매 순간 기뻐할 수 있단 말인가! 한두 번쯤은 애써 기뻐할 수 있겠다. 그러나 계속해서 기뻐하기란 어렵다. 작은 바람에도 흔들리는 우리는, 기쁨이 가득하다가도 순식간에 우울함에 뒤덮인다. 불안정한 마음은 작은 변화에도 한없이 덜컹댄다.

항상 기뻐하라는 하나님의 명령은 사실은 약속의 말씀이다. 우리 눈에는 절망스럽고 슬퍼할 일만 보이지만 하나님은 그 속에서 본질적인 기쁨을 보신다. 이 말씀에는 슬프고 탄식이 가득한 현실에서 우리를 내버려두시 않으시고 근원적인 기쁨을 주시겠다는 강력한 의지가 담겨있다. 그러니 마음 중심을, 불안만 가득한 현실이 아닌 기쁨의 근원되시는 하나님께 두자. 마음이 흔들릴 때마다 하나님을 신뢰함으로 의식적으로 기쁨을 선택하자.

성품은 성향이 쌓여 만들어진다. 기쁨을 선택하기

위해 애쓰고 순종했던 시간들은 결코 헛되지 않다. 믿음으로 기쁨을 선택할 때마다 흔들리지 않는 기쁨이 한 걸음씩 우리에게 다가온다. 눈앞에 보이는 현실 때문에 흔들릴지라도 끝까지 기쁨을 붙잡으라. 놓쳤으면 다시 잡으면 된다.

매 순간 기뻐하기로 다짐해 보자. 기뻐한다는 것은 지금 현실을 하나님의 눈으로 바라본다는 의미다. 기쁨을 선택하는 것이 반복되면 어느새 성품이 된다. 지금은 내가 기쁨을 붙잡으려고 애쓰고 있지만, 어느새 기쁨이 나를 붙잡을 것이다. 그때 하나님이 주시는 기쁨이 우리 안에 성품이 되어 자리잡게 된다.

지금은 내가 기쁨을
붙잡으려고 애쓰고 있지만,
어느새 기쁨이 나를 붙잡을 것이다.

고민

우리는 일상의 사소한 결정에 많은 시간을 쏟는다. 아침마다 무엇을 입을까 고민하고, 저녁 메뉴를 고르는 데도 한참 고민한다. 그러면서도 정작 인생을 바꿀 수 있는 중요한 결정은 얼마나 쉽게 내리고 있는지. 고민은 우유부단한 사람들의 몫이라 여기며 '빠른 결정'이 '좋은 결정'이라고 믿는 세상이다.

무엇이든 빨리 결정하려는 마음은 삶의 태도로 나타나기도 한다. 직장에서 견디기 힘들다고 느끼면 바로 사직서를 제출하고, 교회에서 맡은 봉사에 부담을 느끼면 바로 내려놓는다. 반대로 우선 만나보고 결정하자는 말에 준비 없이 사람을 만나기도 하고, 급한 마음에 적성에 맞지 않는 일을 맡기도 한다.

'빠른' 결정이 무조건 '나쁜' 결정이라는 것이 아니다. 신중할 필요가 있는 중요한 결정 앞에서 우리의 태도를 말하는 것이다. 충분한 시간을 갖지 않고 선택한 결과는 예상했던 것보다 훨씬 더 혹독하게 나타난다. 새 직장은 이전보다 더 힘들 수 있고, 준비 없는 만남은 서로 상처만 주고 끝날 수 있다. 이러한 상황을 신앙적으로 해석하려 해보지만, 사실 우리의 무책임한 선택이 원인일 수도 있다.

오늘 중요한 결정 앞에 서있다면 잠시 멈춰보자. 조금 늦어도 괜찮다. 한 번 더 생각하고, 기도하고, 하나님의 뜻에 귀 기울여 보자. 고민의 시간은 우리를 더 지혜롭게 만들고, 하나님의 뜻에 더 가까이 가게 한다. 그 과정에서 믿음이 자라는 것은 덤이다. 시간을 들인다고 항상 완벽한 선택을 하는 것은 아니다.

그럼에도 그 고민의 과정, 선택의 단계 가운데 우리 내면은 한층 성숙해진다. 우리가 내린 결정이 후회가 아닌 감사로 채워졌으면 좋겠다. 모든 선택의 순간마다 이런 고백을 할 수 있었으면 좋겠다. "하나님, 오늘도 인도해주셔서 감사합니다."

특별

내가 가장 소중한 시대다. "너부터 챙겨. 이제는 너만 생각해. 세상에 너보다 소중한 사람은 없어." 예전에는 이기적이라고 여기던 말이 이제는 사람들에게 큰 위로를 주고 지지를 받는다. 하지만 자신을 소중히 여기는 것과 이기적인 것은 분명히 다르다.

"너는 특별하단다." 이 말에 위로받은 이들이 많다. 원래의 의미는 나의 존재 가치가 다른 사람이 아닌 하나님께 달려있다는 뜻이다. 그런데 사람들은 "내가 가장 소중하단다."라고 해석했다. 내가 '특별'해서 특별 대접을 받을 자격이 있다는 뜻으로 받아들였다. 자신을 소중히 여기는 것이 아닌, 이기적이어도 괜찮다는 말이 되어버렸다.

우리는 자신만을 최우선으로 생각하며 살아간다. 부당한 대우나 차별을 참지 못한다. 자신이 모든 것을 누릴 만한 자격이 있다고 여기면서 상대에 대한 배려는 오히려 사라졌다. 온통 자기 자신에게 빠져 있다. 다른 사람과의 관계에서도 그렇다. 필요할 때만 연락하고, 그 필요가 충족되면 더 이상 찾지 않는다. 하나님의 사랑을 전한다면서 기껏 자신만 사랑하며 살고 있는 모습이야말로 우리의 부끄러운 민낯이라고 할 수 있겠다.

그리스도인은 이기적인 삶과 가장 멀리 떨어져 있어야 한다. 나를 비롯한 예수님의 피 값을 주고 산 하나님의 자녀는 모두 존귀하다. 우리는 누구에게도 특별 대접을 요구할 권리가 없다. 복음은 우리가 얼마나 소중한 존재인지를 깨닫게 한다. 이 말은 내가 소중한 만큼 다른 사람도 소중하다는 사실을 알아야 한다는 뜻이다. 진정한 복음의 능력은 자신을 소중하게 여길 뿐 아니라 다른 사람을 향해 내 것을 내어 줄 수 있게 한다.

세상은 경쟁에서 살아남으려면 이기적인 인간이 되어야 한다고 말하지만, 우리는 다르게 살아야 한다. 교회 안에서도 실패와 고난의 이야기보다 성공의 간증이 매력적으로 보이는 이 시대에, 우리가 살아가야 할 목표는 하루하루 더 예수님을 닮아가는 것이다. 다른 사람을 이용하거나 밟고 올라가서라도 경쟁에서 이기는 것이 아니다.

그리스도인의 삶의 방향은 이기적인 삶을 강력하게 반박하는 것이어야 한다. 진정한 복음은 자기 자신이 아닌 다른 사람을 위해 살게 한다. 우리에게 있어 성공보다는 섬김이, 자기 연민보다는 타인을 향한 헌신과 사랑이 중요한 가치가 되어야 한다. 하나님의 사랑을 받은 당신은 어떤 모습으로 삶을 채울 것인가? 자기밖에 모르는, 자기 한 사람만 품는 삶인가? 복음이 필요한 사람을 품는 삶인가?

동행

"거의 다 왔습니다. 조금만 가면 됩니다." 등산할 때 자주 듣는 이 말을 온전히 믿는 이는 거의 없다. 그럼에도 숨이 턱 밑까지 차오르는 순간 이 짧은 격려는 생각보다 큰 위안이 된다. 한참 더 가야 하지만 따뜻한 말 한마디가 따뜻한 손길이 되어 어깨를 밀어준다. 그렇게 다시 한 걸음을 내딛을 수 있다.

우리는 모두 그 '믿음의 격려'로 조금씩 나아가고 있다. 아직 정상이 보이지 않아도, 도달할 곳이 있다는 그 믿음 하나로 버티고 나아가는 중이다. 우리 인생은 오르막과 내리막을 만나며 앞이 보이지 않는 안개 자욱한 길을 걸어간다. 어디쯤 와 있는지, 얼마나 더 힘내야 하는지 알 수 없는 답답함과 함께, 수없이 포기하고 싶은 마음과 힘겨운 싸움을 벌인다. 하나님은 이 모든 여정에 우리와 함께하신다. 멀리서 지켜만 보는 분이 아니시다. 약속만 남긴 채 등을 돌리는 분도 아니시다.

하나님은 내가 비틀거릴 때면 좌우에서 든든히 붙들어주시고, 울고 있을 땐 곁에서 조용히 그 눈물을 닦아주신다. 그 사랑은 마치 아기를 품에 안은 어미의 손길처럼, 우리의 작은 몸짓 하나 놓치지 않는다. 하나님은 어떤 순간에도 한결같이 우리를 섬세하게 지키신다.

"내가 애굽 사람에게 어떻게 행하였음과 내가 어떻게 독수리 날개로 너희를 업어 내게로 인도하였음을 너희가 보았느니라(출 19:4)."

그분은 나의 약함에도 실망하지 않으신다. 짊어진 짐이 버겁다고 느낄 때, 지쳐 발길이 떨어지지 않을 때, 하나님은 나와 내 짐까지 함께 들고 산을 오르시는 분이다. 나는 안다. 흔들리는 마음과 헉헉거리는 숨결 속에서 그분의 동행이 내 삶을 채우고 있다는 것을. 오늘도 그 믿음 하나로 한 걸음, 또 한 걸음을 내딛는다.

그렇게 나도 누군가의 짐을 함께 들어주는 사람이 되어간다.

어디쯤 와 있는지,
얼마나 더 힘내야 하는지
알 수 없는 답답함과 함께,
수없이 포기하고 싶은 마음이
나 자신과 싸운다.

용서

"충분히 사과했는데, 이제 좀 용서해주면 안 돼?"
가끔은 사과하는 쪽도 서운한 마음을 감추지 못한다. 우리는 누군가에게 미안하다고 말할 때, 마음 한 구석엔 '이 정도면 내 할 일은 다했다.'는 생각이 자리하기도 한다. 그런데 막상 내가 상처받은 입장일 땐 용서가 그리 쉽지만은 않다.

용서는 한 번에 이루어지지 않는다. 상대방을 이해하려 애쓰다 다시 미워지기도 하고, 괜찮다 생각하다가도 다시 화가 나서 마음이 헝클어지기도 한다.

단번에 그 사람을 용서하고 사랑하지 못한다고 잘못된 것이 아니다. 억지로 하나님의 사랑으로 충만한 척, 착한 척 할 필요도 없다. 상처받은 내 마음을 있는 그대로 인정하고, 그 아픔을 들여다보는 시간을 갖는 것이 먼저다. 그렇게 오르내리는 감정의 파도가 한참 지나간 후에야 비로소 용서하지 못하는 마음이 더 이상 내 안에 머무르지 않음을 느낄 수 있다.

용서는 내가 주체가 되어 상대방을 받아들이는 단순한 행위가 아니다. 인간의 힘으로 감당할 수 없는 문제를 하나님 은혜 앞에 가지고 가는 결단이다. 의무감에서 비롯된 화해는 관계를 회복시키지 못한다. 용서란 온전히 내 의지에서 비롯되는 것처럼 보인다. 하지만 진정한 용서는 하나님이 먼저 나를 품으셨다는 사실, 죄인인 내가 이미 그분의 용서 아래 받아들여졌다는 은혜를 깨닫는 순간부터 싹트기 시작한다.

하나님 앞에 서면 우리는 모두 동등하다. 누구는 좋

은 죄인이고, 다른 누군가는 나쁜 죄인이라는 구분 같은 것은 없다. 모두 아무 자격도 내세울 수 없는 죄인일 뿐이다. 용서란 그저 누군가의 잘못을 눈감아 주는 관대한 행위가 아니다. 오히려 하나님이 베푸신, 측량할 수 없는 사랑을 다시 떠올리는 은혜로 가득한 시간이다. 내가 하는 용서보다 내가 받은 용서가 훨씬 더 크다는 사실에 감격하는 시간이다.

용서에는 하나님의 은혜가 선명하게 드러난다. 우리는 단지 은혜를 기억하고 감사했을 뿐인데, 그 은혜를 조금 나누었을 뿐인데, 하나님은 그 작은 행위를 통해 당신의 거룩한 성품을 드러내신다. 하나님은 우리에게 그저 상대와 화해하는 정도의 힘만 주신 것이 아니다. 그분의 마음과 성품, 생명까지도 우리 안에 주셨다. 그리고 우리를 통해 사람들에게 나누신다.

용서는
내가 주체가 되어 상대방을 받아들이는
단순한 행위가 아니다.
인간의 힘으로 감당할 수 없는 문제를
하나님 은혜 앞에 가지고 가는 결단이다.

일상

"꼭 될 줄로 믿습니다!" "하나님이 하실 거예요." 이런 강력한 구호를 외치는 것만으로 진정한 믿음이 형성되는 것은 아니다. 긍정적으로 생각하는 것을 나쁘다고 말하는 것이 아니다. 근거 없는 무한한 긍정이 믿음이라는 이름으로 포장될 때 문제가 생긴다. "기도하고 맡기면 해결될 거야. 하나님은 우리를 그냥 놔두시지 않아." 이런 말들이 깊은 고민과 내적 갈등 없이 피상적으로만 표현된다면, 그것은 믿음이라고 말하기 어렵다.

믿음은 일상에서 하나님과 함께 견디며 나아가는 여정이다. 구호 한 번 외치고 팔짱을 끼고 구경하는 것이 아니다. "꼭 될 줄로 믿습니다!"라는 말보다 "하나님, 오늘 하루도 저와 동행해주세요."라는 소박한 기도가 더 진실된 믿음의 태도일 수 있다. 하나님이 이루어가시는 일이 내 생각과 다를 때 잠시 실망하기도 하지만 하나님은 여전히 나와 동행하신다는 것을 믿는 믿음의 고백이기 때문이다.

당장 처한 상황이 '믿음의 구호'만으로는 견디기 어렵겠지만 하나님은 우리를 반드시 이기게 하실 것이다. 살면서 고민과 갈등을 만날 때마다 하나님께 나아가자. 그 한걸음 한걸음이 믿음을 단단하게 만들고 하나님을 닮게 만든다. 하나님은 홀로 완전하신 분이다. 우리의 믿음 없이도 얼마든지 행하시고 이루신다. 우리가 꼭 기억해야 할 것은 그 하나님이 '우리를 불러서' 행하시고, '우리를 통해서' 이루신다는 것이다.

우리의 불완전한 믿음 가운데서도 하나님은 최선으로 인도하신다. 삶의 태도가 긍정적인 것도 좋고, 낙관적인 것도 좋다. 그러나 하나님이 주신 소중한 일상을 덮어두지는 말자. 평범한 날들을 성실함으로 일구는 순간이 쌓여, 우리의 성품이 되고 믿음이 된다. 예수님도 아침 일찍 일어나 기도하시고 주어진 일상에 성실하셨다. 예수님도 그러하셨다면 우리도 그래야 한다. 살아 있는 믿음은 내일을 바라보며 동시에 오늘을 성실히 살게 한다.

고갈

내게 있는 사랑이 지치지 않기를 바랐다. 시간이 흘러도 처음 그대로의 사랑을 주고 싶었다. 시간이 흘러도 여전히 반짝이기를 원했다. 사랑하는 사람에게는 넘칠 만큼 베풀고, 부족한 사람에게는 그만큼 채워주고 싶었다. 심지어 미워하는 사람에게조차 나누어주기를 소망했다. 하지만 내게 있는 사랑은 늘 한계를 드러냈다. 원하는 만큼 줄 수 있으리라 믿었지만 뜻대로 되지 않았다.

내게 있는 사랑은 사람에 따라, 기분에 따라, 상황에

따라 자주 흔들렸다. 마음이 요동칠 때마다 들쑥날쑥했다. 처음 품었던 사랑의 마음이 끝까지 이어지지 못하고 시들어 갈 때마다 좌절감이 밀려왔다. 또 주는 만큼 온전히 사랑받고 싶었지만 번번이 빗나갔다. 내게는 줄 수 있는 사랑도, 받은 사랑도 부족해서 허덕이다가 뒤늦게 깨달았다. 사랑은 내게 속한 것이 아니라는 것을.

사랑은 본래 하나님께 속한 것이다. 하나님은 사랑이시다. 하나님의 사랑은 지치거나 고갈되지 않는다. 사람에 따라, 상황에 따라, 기분에 따라 변덕스럽게 바뀌지도 않는다. 하나님은 언제나 필요보다 더 넘치도록 부어주신다. 원수와 죄인까지도 용서하실 정도로 풍성하다. 우리는 때로 실망스럽고 부족한 모습으로 하나님 앞에 나아간다. 그래도 하나님은 우리를 향한 사랑을 멈추지 않으신다. 그렇기에 날마다 하나님의 사랑으로 마음을 채워야 한다. 하나님의 사랑을 받은 만큼 다른 사람을 사랑할 수 있기 때문이다. 사랑이 부족하다고 자신을 탓할 필요가 없다. 대신 그분의 사랑 안에 거하고 있는지 돌아보면 된다.

사람들은 사랑을 능력이라고 말한다. 더 많이 사랑하려면 더 많이 가져야 한다고 믿는다. 하지만 사랑은 능력이 아니다. 하나님을 사랑하는 만큼 할 수 있다. 그래서 필요한 건 능력이 아니라 사랑의 근원이신 하나님이다. 하나님이 우리를 사랑하신 그 사랑으로 우리도 사랑할 수 있다. 하나님의 사랑에 깊이 뿌리내리자. 그것이 우리를 하나님의 사람으로 살게 한다.

자유

하루하루 살아가며 수없이 남을 판단한다. 저 사람은 충분히 착한가, 저 행동은 사랑받을 만한 일인가. 사소한 말 한마디, 작은 실수 하나조차 판단의 저울에 올린다. 상처를 준 사람이나 반복해서 실망을 안기는 누군가를 사랑하기는 정말 어렵다. 나 역시 그들과 다를 바 없는 사람인데도 말이다.

세상 거울에 비친 나는 왠지 초라하고 부족하게만 보인다. 그럴수록 눈을 들어 십자가를 바라보자. 거기에는 내 연약함을 감싸는 변치 않는 사랑이 있다.

세상은 한계와 실수를 집요하게 들추어내지만 하나님은 그런 나를 바라보며 존귀하다고 말씀하신다. 뒤처지지 않으려고 조바심이 나고 남들보다 뛰어나고 싶은 욕심이 생길 때마다, 나는 그분의 사랑을 몇 번이고 되새긴다.

하나님의 사랑은 이 세상의 기준과는 전혀 다르다. 우리가 안간힘을 써서 얻어내는 것이 아니다. 허물투성이일 때에도, 무언가를 성취하지 못했을 때에도 그분의 사랑은 달라지지 않는다. 나의 가치는 내가 만든 결과에 달려있지 않다는 사실을 날마다 알려주신다. 우리의 이름을 부르며 "너는 내 사랑하는 자, 내가 기뻐하는 이"라고 속삭이신다.

물론 세상은 오늘도 더 잘하라고, 더 강해지라고, 경쟁에서 살아남으라고 요구한다. 마치 전쟁터에 내몰린 듯 끝없이 힘을 내라 요구한다. 하지만 하나님은 그렇게 요구하는 대신 변함없는 신실함으로 우리 곁을 지키신다. 존재의 깊은 곳까지 다가오는 하나님의 사랑이야말로 우리를 다시 일으키는 진짜 힘이다. 이미 그 사랑 안에 있기에 나는 충분히 강하다는 사실을 잊지 않는다.

조건 없는 사랑, 그 안에서 나는 참된 자유를 누린다. 사랑을 얻기 위해 매번 치열한 경쟁도, 모자람을 감추는 일도 필요하지 않다. 나는 사랑받는다. 내 존재는 그 자체로 귀하다. 이 사랑을 기억하는 하루하루가 은혜롭다. 사랑을 받았으니 이제는 누군가에게 온전히 편이 되어주고 싶다. 특별하지 않아도 충분히 뛰어나지 않아도, 한 사람 한 사람을 빛나는 존재로 바라보며 하나님의 사랑을 비추는 사람으로 살아가고 싶다.

평범

인생의 대부분은 눈부신 극적인 장면이 아니라 조용히 흘러가는 '평범한 순간'으로 이루어져 있다. 성경에 나오는 어떤 극적인 변화, 믿음의 선배들이 경험한 놀라운 기적을 보면 하나님이 그런 방법으로만 우리 곁에 계신다고 생각하기 쉽다. 그래서 가슴 벅찬 한 번의 만남, 인생을 송두리째 바꿔놓는 반전, 감정을 뒤흔드는 사건을 동경한다. 놀랍고 눈부신 장면들이야말로 평범한 일상 너머의 무언가 특별한 의미가 있는 것처럼 느낀다.

실제 삶에서 눈에 띄는 사건은 자주 찾아오지 않는다. 어김없이 반복되는 아침과 저녁, 조용히 흐르는 시간 속에서 때로 지루함과 무료함을 느낀다. 하지만 아무것도 달라지지 않는 것 같은 날들이 쌓여 조금씩 성장한다. 평범한 일상은 특별한 날들과는 결이 다른 위로와 힘을 준다. 눈길을 끄는 비범한 일이 없어도 오래도록 집안을 환하게 밝혀주는 불빛처럼 작은 순간들이 쌓여 삶이라는 아름다운 그림을 완성해간다.

사랑도, 믿음도 그렇게 깊어진다. 사랑하는 사람과 함께하는 365일 중 특별한 기억으로 남는 날은 그리 많지 않다. 아침에 눈 맞추며 건네는 짧은 인사, 사소한 일상 속에 함께하는 시간, 사랑은 그런 담담함 속에서 오히려 깊이 자란다. 언제나 짜릿하거나 소란스러울 필요는 없다. 특별한 일이 없다고 사랑이 식은 것은 아니다. 믿음 또한 마찬가지다. 말씀을 묵상하며 소박한 기도를 드리고, 주일 예배에 참석하는 그 평범한 하루하루 속에서 하나님을 향한 사랑도 자란다. 때로는 감정 없이 무덤덤하게 말씀을 읽을지라도, 그런 날들이 모여 믿음은 더욱 깊어진다. 환희나 감동이 없어도 하나님께 묵묵히 나아간다면, 그것이 가장 진실한 사랑의 증거일 것이다.

종종 극적인 순간만을 기다리다가 조용히 흘러가는 평범한 일상이 주는 은혜를 놓치기 쉽다. 이제는 특별할 것 없는 지극히 일상적인 날들이 우리를 살게 하고, 더 깊은 사랑과 믿음에 이르게 한다는 사실을 기억하자. 격정적인 순간이 아니어도 일상의 보통날들 속에서 주님과 더 가까워지고 있음에 감격하자. 지금까지 지내온 평범한 날들, 주님과 함께했던 그 모든 날이 하루도 빠짐없이 다 소중하다.

환희나 감동이 없어도
하나님께 묵묵히 나아간다면,
그것이 가장 진실한
사랑의 증거일 것이다.

겸손

꼭대기에 올랐다. 정상을 밟았다. 1위를 차지했다. 늘 성공은 위로 향하는 것에 비유된다. 반대로 실패는 아래로 추락하는 것이라 여긴다. 바닥으로 곤두박질치고 나락으로 떨어지는 일. 자연스레 우리는 '위'를 동경하고 '아래'를 혐오한다. 위는 빛이 모이고 환호가 머무는 곳이라 믿기 때문이다.

위를 향한 욕망 이면에는 하나님처럼 되고 싶었던 교만이 뿌리내리고 있다. 예수님의 제자들도 더 높은 자리를 탐하며 서로 다투었다. 어쩌면 우리 모두는 속으로 '남들 위에 서야 진짜 성공'이라 믿고 있는 건지도 모른다. 하지만 예수님은 그 믿음을 완전히 거스르셨다. 겸손하게 인간의 자리로 오셨다. 제자들의 발을 씻기시며 섬기셨고, 죄인의 십자가에 오르셨다. 모든 이가 위를 향해 갈 때 예수님은 아래로, 더 낮은 곳으로 오셨다.

예수님은 주변을 의식해서 자신을 낮추신 것이 아니셨다. 교만하다는 소리를 들을까 싶어 낮은 곳으로 향하신 것이 아니셨다. 하지만 우리는 때때로 '그리스도인처럼 보이기 위해' 겸손을 흉내낸다. 누군가에게 칭찬을 받으면 민망해하고, 오히려 자신을 깎아내리려고 한다. 그것이 겸손이라고 생각한다. "모든 것이 하나님의 은혜입니다. 하나님께서 하셨습니다."라고 고백하지만 은근히 내 공로를 알아주기를 원한다. 어쩌면 겸손해보이려고 애쓰는 모습 이면에는 자신을 드러내려는 교만이 숨어있는지도 모른다.

예수님은 오직 하나님의 뜻에 순종하기 위해 낮아지셨다. 우리는 높은 데 올라야 하나님을 높일 수 있다고 생각하지만, 예수님은 오히려 낮아지셔서 하나님을 영화롭게 하셨다. 무리가 예수님을 왕으로 세우려 했을 때, 예수님은 그 자리를 피하셨다. 영광의 왕좌가 아니라 치욕의 십자가로 내려가셨다.

겸손은 저절로 생기지 않는다. 때로는 죽음과 같이 고통스러운 시간을 통과해서 배우기도 한다. 예수님은 "자기를 낮추시고 죽기까지 복종하셨(빌 2:8)"다. 멸시받고 천대받는 자리로 가는 것은 전혀 즐거운 일이 아니다. 하지만 그 길을 통과해서 예수님은 온전해지셨다(히 5:8-9). 우리도 예수님을 따라 낮은 자리로 갈 때 비로소 겸손을 배우고 온전해진다.

우리는 교만하지 않은 사람을 볼 때, '겸손하게 행동한다'고 말하기보다 '겸손한 사람'이라고 표현한다. 겸손은 단순히 외적 행동이 아니라 내적 성품의 문제이기 때문이다. 겸손하려고 노력했던 행동이 무의미하다는 말이 아니다. 오히려 그러한 행동은 겸손한 성품을 형성하는 과정의 일부다. 그러나 진정한 겸손은 언제나 하나님 앞에서 자신의 존재에 대한 철저한 인식에서 출발한다.

자신의 한계와 하나님의 위대함을 인식할 때, 우리는 자연스럽게 자신을 낮추게 된다. 이러한 자기 인식에서 비롯된 겸손은 희생과 사랑으로 이어진다. 그리고 이런 겸손이야말로 우리의 마음을 예수님의 마음에 포개어 맞추게 한다. 지금, 우리 앞에 있는 낮은 곳, 그곳이 예수님의 마음이 계신 곳이며, 우리가 진정한 겸손을 배울 수 있는 장소다.

공평

하나님의 팔은 밖으로도 굽는다. 힘센 자에게 휘둘리지 않으시고, 약한 자를 동정하지 않으신다. 하나님은 사람을 외모로 판단하지 않으신다. 그분의 눈에는 누구나 다 소중하다. 기분이나 감정, 순간의 상황에 흔들려 결정하는 일이 없다. 우리는 그렇지 않다. 내 앞에 있는 사람이 누구냐에 따라 태도와 말이 달라진다. 이익이 있으면 가까워지고, 손해가 보이면 마음마저 멀어지기도 한다. 옳고 그름보다는 처지와 감정에 따라 생각이 흔들릴 때가 많다.

성품은 아무리 감추려 해도 새어나오기 마련이다. 우리의 성품은 자기보다 힘이 약한 사람을 대할 때 더 선명하게 배어난다. 자신을 어떤 존재로 여기는지, 어떤 마음으로 세상을 대하고 있는지 들키고 만다. 자신보다 약하다고 여기는 사람 앞에서 어떤 말과 행동을 하는지를 보면 그 사람의 밑바닥을 볼 수 있다.

하나님이라면 압도적인 힘으로 우리를 밀어붙이는 것이 더 쉬웠을지 모른다. 그분의 뜻대로 세상을 일순간에 바꿔놓는 일도 어렵지 않으셨을 것이다. 하지만 하나님은 그렇게 하지 않으신다. 나약한 우리를 하찮게 보거나 마음 내키는 대로 내하지 않으신다. "답은 이미 정해졌으니 너는 그냥 따라오기만 해."라고 인생을 몰아가지도 않으신다. 그분은 우리 이야기의 시작부터 끝까지 귀 기울이신다.

어떤 사람이든, 어떤 조건에 있든 하나님의 눈에는 모두가 특별하고 소중하다. 내가 누군가를 얕잡아

보는 것은 하나님을 낮추는 것과 같고, 그를 업신여기는 것은 곧 하나님을 업신여기는 일이다. 누군가를 추앙하고 그를 특별하게 대하고 있다면, 하나님이 아닌 사람을 예배하고 있는 것인지도 모른다. 오늘도 나는, 차별하지 않으시는 그 크신 사랑 앞에서 다시 한 번 고개를 숙인다. "하나님이 귀히 여기시는 사람을 나도 귀히 여기겠습니다."

위로

우리는 서로를 너무도 모른다. 좁고 좁은 마음은 서로를 쉽게 틀어지고 멀어지게 만든다. 한때 가까웠던 사이도 작은 오해로 인해 멀어지고, 말하지 못한 서운함은 더욱 깊이 박혀 가슴 한 구석에 머문다. 가까이 있을수록 기대가 커져 정말로 사랑해야 할 순간에 건네는 말은 그동안 담아왔던 섭섭함 뿐이다. 소중한 사람과 얼굴을 붉히고 싶지 않아 가까스로 말을 참아보지만, 꺼내지 못한 말만큼 우리 사이엔 상처가 남는다.

겉으로는 다 알고 있는 것처럼 행동하지만, 속은 평행선처럼 닿지 않는다. "너만 힘든 줄 아니? 나도 힘들어." 하는 퉁명스러운 한마디에 마음의 문이 닫혀버린다. 모두가 그런 거라 여기려 해도 억울함과 속상함만 쌓인다. 억울하면 억울하다고 슬프면 슬프다고, 있는 그대로 털어놓고 싶다.

마음을 열어줄 사람을 찾아 헤매보지만 쉽게 문을 열어주는 이는 없다. 저마다 주어진 삶을 힘겹게 살아내고 있으니 말이다. 그런데 세상 누구보다 넓은 품으로 날 기다려주는 분이 계시다. 미리 예약하지 않아도 마음을 열어두고 문을 두드릴 때마다 그 자리에서 따뜻하게 맞아주시는 하나님. 우리는 누군가를 만나려면 시간도, 장소도 정해야 하지만 하나님은 언제든, 어디서든, 내 형편 그대로 만나주신다. 자격을 묻지 않고 때와 장소를 따지지 않는다.

이상하게도 하나님은 찾으면 찾을수록 그토록 사람에게서 받고자 했던 위로와 서운한 감정은 조금씩

옅어진다. 하나님은 충분히 위로해주시고 마음을 가득 채워주신다. 내 안에 앙금처럼 남아 있던 서운함과 섭섭함이 서서히 빠져나갈 때, 비워진 그 자리를 하나님이 당신의 따뜻함으로 조용히 메워주신다. 어쩌면 '함께'라는 건 이토록 고요하고 변함없이 충분한 따뜻함을 채우는 것 아닐까.

기
회

솔직히 말해 완전히 포기한 건 아니었다. 그저 조용히 최고의 순간, 완벽하게 맞아떨어지는 그날을 기다리고 있었을 뿐이다. 하지만 세상은 언제나 계획과는 다르게 불완전함과 예상치 못한 방향으로 흘러갔다.

이제는 시도조차 하지 않고 한 발 뒤로 물러서며 마음을 접는다. 어차피 감당할 수 없으니 아예 시작하지 않는 쪽이 마음 편하다고 결론내린다. 뻔한 결과가 예상되고 아무것도 변하지 않을 거라 여겨지면 아예 기대조차 하지 않는다. 하나님의 도움이 가장 필요한 순간에도 가만히 있는 쪽을 선택한다. 기대하지 않으니 기도할 필요도 없다.

종종 쉽고 익숙한 마음의 동선에 안주한다. 변화를 운명 탓으로 돌리며 새로운 도전 앞에서 단념한다. 하지만 삶을 바꾸는 건 운명이 아니라 주어진 사명을 받아들이는 용기다. 마음이 어디를 향하느냐에 따라 인생의 방향도 바뀐다. 세상은 원치 않는 변수와 지체된 타이밍, 예기치 않은 선택으로 가득하다. 그렇기에 '지금은 아니야.'라는 핑계로 눈앞의 상황을 외면해서는 안 된다. 완벽한 조건이 오기만을 기다리다 보면 결국 아무것도 시작할 수 없다.

기회란 모든 것이 갖추어진 순간이 아니라 하나님이 내 곁에 계신 바로 그때에 찾아온다. 기도는 아무 희망 없어 보이는 상황에서도 하나님의 손길을 경험하게 한다. 바라던 완벽한 순간이 아니어도 하나님과 함께하는 지금이 곧 최고의 기회가 될 수 있다. 바람이 불어와야만 비로소 출발할 수 있는 것이 아니다. 진짜 바람을 일으킬 수 있는 하나님을 두고 억지 바람을 일으키려 하니 지쳐 떨어지는 것이다.

다시 시작하기로, 다시 기도해보기로 결심한다는 것은 삶이 하나님의 손에 있음을 고백하는 일이다. 우리는 조건과 능력을 가지고 도전하려 하지만, 하나님의 사람은 거기에서 출발하지 않는다. 두려워하지 않고 시작할 수 있게 만드는 힘은 오직 하나님과 그분의 말씀에 있기 때문이다.

다 끝나버린 듯한 자리, 너무 늦었다고 생각했던 시간 위에서 오늘도 입을 열어 기도한다. "하나님, 다시 시작해볼게요." 쉽게 포기하지 말자. 오늘도 하나님은 우리의 작은 기도와 시작하려는 몸부림에 조용히 그러나 강력한 바람을 일으키신다.

기회란
모든 것이 갖추어진 순간이 아니라
하나님이 내 곁에 계신
바로 그때에 찾아온다.

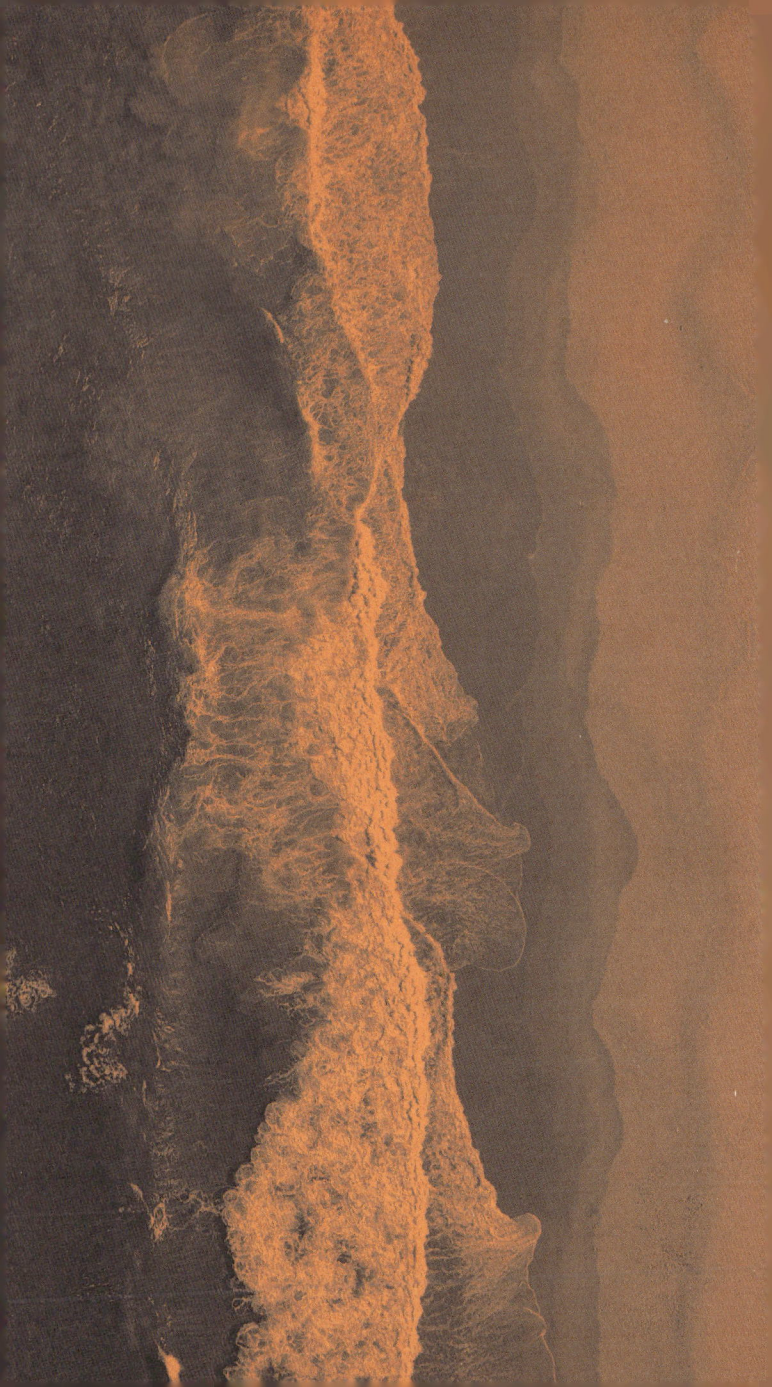

당신은
성품이 좋은 사람입니다.

성품이 좋은 사람
잘해보려 하지만 늘 그 자리에 맴도는 이들에게

2025년 5월 20일 초판 1쇄 인쇄
2025년 5월 30일 초판 1쇄 발행

지은이 조명신

펴낸이 고태석
디자인 김수진 | 엔드노트
편집　 김지혜 | 양야의 숲
펴낸곳 구름이 머무는 동안

출판등록 2021년 6월 4일 제2022-000183호
이메일 cloud_stays@naver.com
인스타그램 @cloudstays_books

ISBN 979-11-982676-8-9 (03230)

ⓒ 조명신, 2025

- 이 책의 저작권은 저자와 구름이 머무는 동안이 소유합니다.
- 이 책은 신저작권법에 의하여 보호받는 저작물이므로 무단 전재와 복제를 금합니다.
- 이 책의 전부 또는 일부를 이용하려면 반드시 구름이 머무는 동안의 서면 동의를 받아야 합니다.
- 파손된 책은 구입하신 곳에서 교환해 드립니다.